لطلبات الأذونات وخيارات شراء الطلبات المجمعة ،
support@smmfsb.com البريد الإلكتروني

هذا عمل غير خيالي. قد لا تكون النصائح والاستراتيجيات الموجودة في الداخل مناسبة لكل موقف. يباع هذا العمل على أساس أنه لا المؤلف ولا الناشرون مسؤولون عن النتائج المتراكمة من المعلومات الواردة هنا. يهدف هذا العمل إلى تثقيف القراء حول التسويق الاجتماعي والرقمي ولا يشكل نصيحة استثمارية. جميع الصور هي الملكية الأصلية للمؤلف ، وخالية من حقوق الطبع والنشر كما هو مذكور في مصادر الصور ، أو قابلة للاستخدام بموجب إرشادات الاستخدام العادل ، أو تستخدم بموافقة أصحاب العقارات.

حقوق النشر © 2022 جون لو

جميع الحقوق محفوظة.

لا يجوز إعادة إنتاج أي جزء من هذا المنشور أو توزيعه أو نقله بأي شكل أو بأي وسيلة ، بما في ذلك النسخ أو التسجيل أو الطرق الإلكترونية أو الميكانيكية الأخرى ، دون إذن كتابي مسبق من الناشرين ، باستثناء الاقتباسات الموجزة المضمنة في المراجعات وبعض الاستخدامات غير التجارية الأخرى التي يسمح بها قانون حقوق النشر.

الطبعة الأولى 2022.
أودي للنشر

غلاف فني ISBN 978-1-957470-08-5
غلاف عادي ISBN 978-1-957470-07-8
eISBN 978-1-957470-09-2
2022919196 ذ م م

لماذا تذهب الاجتماعية؟

ظهرت وسائل التواصل الاجتماعي على الساحة العالمية باعتبارها الوسيلة المهيمنة الآن للتواصل والتعاون.i بالنسبة للناس والمجتمع ككل ، فإن الآثار المترتبة على هذا التحول هائلة. بالنسبة للشركات ، فهي أكثر عمقا. تعتمد التجارة في النظام البيئي الحديث المعولم والرقمي على مجموعة أدوات تتألف من استراتيجيات وفرص لم تكن متاحة قبل عقود فقط. في حين ظهرت تحديات جديدة ، فإن الإمكانات الكامنة المقيدة داخل الشركات الصغيرة لديها فرصة أكثر من أي وقت مضى للانفجار على مشهد تنافسي لم يعد محدودا بالجغرافيا.

خطرت فكرة كتابة هذا الكتاب لأول مرة عندما أطلعتني صديقة على الكتب التي كانت تقرأها لتتعلم كيفية تسويق مشروعها الصغير على وسائل التواصل الاجتماعي. لقد ذهلت من النقص المدقع في المعلومات الكاملة والحديثة. كانت هذه الكتب تعظ بالتطبيقات التي أصبحت غير ذات صلة منذ سنوات ، واستراتيجيات الإعلان التي توقفت عند إعلانات Facebook ، ونصائح وسائل التواصل الاجتماعي التي تتلخص في "كن نفسك".

بعد هذه الملاحظات ، قررت أن أكتب كتابا يساعد أصحاب الأعمال الصغيرة على تنمية أعمالهم من خلال التجارب التي مررت بها في بناء العشرات من الشركات الصغيرة للتأثير الاجتماعي الذي يمتد على ربع مليار مشاهدة وملايين المتابعين ، والتي تترجم مباشرة إلى ملايين المبيعات ، وأرباح أقوى ، والعديد من العملاء.

لماذا يعد دمج التسويق الرقمي ووسائل التواصل الاجتماعي في استراتيجية عملك أمرا مهما للغاية؟ هذا سؤال عادل - غالبا ما يتجاهله أولئك الذين يبشرون ببعض الخيال المثالي لوسائل التواصل الاجتماعي والمشهد الرقمي للأعمال - وهو سؤال يتعلق بالتحولات الأساسية في بيئة الأعمال العالمية.

يجب أن يبدأ تحليلنا بفهم أن الرقمنة كانت السمة المميزة لعالم الأعمال في القرن 21st. لقد أزال الإنترنت الحواجز الجغرافية ، وتكبد توافرا جماعيا للمعرفة ، ووفر درجة غير مسبوقة من الفرص لأي شخص لديه جهاز رقمي

واتصال. مع انتقال المزيد من العالم إلى الإنترنت ، يجب أن تكون الرقمنة إما محددا رئيسيا في عملك - بافتراض درجة معينة من المادية - أو ، كما هو الحال مع الشركات الرقمية البحتة ، المحدد المهيمن.

ومع ذلك ، في حين أن الرقمنة قد فتحت الباب أمام الفرص ، فقد خلقت أيضا بيئة أكثر تنافسية. على عكس المنافسة المقيدة نسبيا حسب القرب الجغرافي (على الرغم من أنه قد يكون لعملك المادي ، إلا أن نفس القواعد لا تنطبق عند العمل رقميا) ، فقد تم محو هذه الحدود إلى حد كبير. تتنافس شركة صغيرة تبيع وسائد مخصصة في كاليفورنيا مع بائعي الوسائد عبر الإنترنت في نيويورك وكندا ، بينما تتنافس شركة برمجيات مقرها اليابان مع الشركات الناشئة في كيب تاون ولندن. كشركة تعمل في هذا النوع من البيئة ، يجب ألا تفهم مشهد العالم الرقمي فحسب ، بل يجب أن تتعلم كيف تزدهر فيه.

ونتيجة للرقمنة إلى حد كبير، زادت العولمة من الترابط بين اقتصادات العالم إلى حد غير مسبوق. نحن جميعا حرفيا في هذا معا ، وتلعب العولمة دورا في جميع الاستراتيجيات الرقمية. لم يتسبب الجمع بين الرقمنة والعولمة في منافسة أكبر وشراسة فحسب ، بل ربط أيضا مجموعة واسعة من الأسواق وقدم إمكانية خدمة الأسواق المتخصصة التي تقدم الآن بشكل جماعي طلبا كافيا للحفاظ على الأعمال التجارية واسعة النطاق. يلعب هذان الاتجاهان دورا متزايدا في الدور المتزايد الذي تلعبه الاستعانة بمصادر خارجية في العمل والأعمال. تقلل الاستعانة بمصادر خارجية من النفقات العامة وتزيد من قيمة *الرافعين الخبراء* في العصر الرقمي ، مقابل أولئك الذين يلعبون وفقا لقواعد عفا عليها الزمن.

يمكن للعديد من الشركات ، وخاصة الشركات عبر الإنترنت فقط ، جني مكافآت كبيرة من خلال التوسع في البلدان غير الأصلية. أحد الأمثلة على ذلك هو هذا الكتاب ، وغيره من الكتب التي تديرها وكالتي - ما يقرب من 60٪ من مبيعاتنا تأتي من خارج الولايات المتحدة على الرغم من أن معظم الكتب التي نبيعها يتم شراؤها باللغة الإنجليزية.

هذه ليست سوى بعض الأسباب التي تجعل التسويق الرقمي والاجتماعي قد انفجر على الساحة ، ولماذا يتحول عدد لا يحصى من الشركات نحو الفرص المتاحة في هذه المجالات.

أنا لا أحاول تلبيس حقائق بيئة تنافسية معقدة وسريعة التغير. لن يغير التسويق الرقمي ووسائل التواصل الاجتماعي حياة كل شركة. بدلا من ذلك ، يمكن لكل شركة الاستفادة من مجموعة متنوعة من الفرص المنخفضة الموجودة في الفضاء الرقمي ، بينما بالنسبة لجزء كبير ، فإن الاستراتيجيات المقدمة في هذا الكتاب ستغير قواعد اللعبة بالفعل.

نحن نفهم الآن أهمية الذهاب إلى الاجتماعية. من أجل الفهم من الألف إلى الياء ، ما هي وسائل التواصل الاجتماعي بالضبط؟

الاجتماعية ماذا الآن؟

يجب أن يجيب كتاب عن التسويق عبر وسائل التواصل الاجتماعي أولا على سؤال ما هي وسائل التواصل الاجتماعي بالضبط - نعم ، يبدو أن الأطفال اليوم دائما ما يستخدمونها ، بينما يقسم البعض بآثارها السلبية ، ولكن ما هي حقا؟

من الأفضل تعريف الوسائط الاجتماعية على أنها مجتمعات عبر الإنترنت تسمح للمستخدمين بالتفاعل مع بعضهم البعض. بهذه الطريقة ، إنه مجال واسع للغاية - فقط فكر في كل مرة ترسل فيها رسالة نصية إلى دردشة جماعية على هاتفك ، أو تمر عبر ويكيبيديا ، أو تشاهد منشورا شاركه صديق قديم. في كل هذه الحالات ، يتفاعل الناس مع بعضهم البعض على الإنترنت - وهذا ما تعنيه وسائل التواصل الاجتماعي بشكل أساسي.

لا يقتصر التسويق عبر وسائل التواصل الاجتماعي على نشر مقاطع الفيديو أو الدفع للمؤثرين. يتعلق الأمر بالاستفادة من الطرق التي يتفاعل بها الأشخاص عبر الإنترنت للحصول على منتجاتك وخدماتك في أيدي أكثر. يرتبط هذا بمسألة ما إذا كان التحول إلى المجتمع يستحق العناء - في الواقع ، من الضروري أن تصبح اجتماعيا لأن وسائل التواصل الاجتماعي هي نوع التفاعل الذي يقوم عليه العالم الحديث.

اليوم ، تعمل تطبيقات الوسائط الاجتماعية الأكثر شيوعا على نظام UGC أو المحتوى الذي ينشئه المستخدمون. المحتوى الذي ينشئه المستخدمون يعني أن الأشخاص الذين يستخدمون موقعا إلكترونيا أو تطبيقا معينا (مثل Facebook أو YouTube) ينشئون محتوى يتفاعل معه المستخدمون الآخرون ، وما إلى ذلك ، بطريقة دورية لا نهاية لها. بسبب UGC ، فإن جميع مواقع الشبكات الاجتماعية الأكثر شعبية مجانية وتعتمد على بيع الإعلانات لكسب المال. بهذه الطريقة ، تستمر مواقع الشبكات الاجتماعية في الوجود فقط بسبب الشركات التي تختار الإعلان معها. حقيقة أن الشركات تواصل الإعلان على التطبيقات الاجتماعية تعني أن الإعلان لا يزال استراتيجية عمل قابلة للتطبيق ، في حين أن الانفجارات في صناعات إنشاء المحتوى والتسويق المؤثر تتحدث عن جدوى المحتوى كاستراتيجية عمل.

كما ذكرنا ، يهدف هذا الكتاب إلى تقديم دليل شامل للتسويق الرقمي ووسائل التواصل الاجتماعي للشركات الصغيرة. يتم نشره لأول مرة في خريف عام 2022 وسيتم تحديثه كل عام ليعكس المجالات والفرص المتغيرة بسرعة التي يستكشفها. سوف يصوغ نفسه للتعليقات التي يقدمها أصحاب الأعمال الصغيرة الفعليون. لتقديم مثل هذه التعليقات والنصائح لرواد الأعمال المستقبليين أثناء تقدمك أنت وعملك باستخدام الأساليب والاستراتيجيات الموجودة في هذا الكتاب ، يرجى إرسال بريد إلكتروني إلينا بخصوص كل من ما نجح وما لم ينجح ، أو مع أسئلة ، team@smmfsb.com.

واستشرافا للمستقبل، قسمنا النص إلى جزأين رفيعي المستوى. وهو يبني إطارا استراتيجيا مفاهيميا في الفصول الأربعة الأولى. ثم يستمر في استكشاف مفصل للتسويق عبر وسائل التواصل الاجتماعي ، والإعلان الاجتماعي ، وإنشاء المحتوى ، والموضوعات ذات الصلة المشمولة في المجال الأكبر للتسويق الرقمي. تمت كتابة هذا الكتاب خصيصا مع وضع أصحاب الأعمال الصغيرة ورجال الأعمال في الاعتبار.

ابدأ بالاستراتيجية

العمل الجاد هو نصف المعادلة فقط. العمل الذكي هو النصف الآخر. وبالمثل ، فإن تنمية عملك من خلال الوسائل الرقمية يتعلق بمعرفة ما يجب القيام به بقدر ما يتعلق بكيفية القيام بذلك. حتى أفضل الاستراتيجيات الرقمية تنفيذا تفشل إذا تم تطبيقها على منصات دون المستوى الأمثل ، أو الأسوأ من ذلك ، إذا تم تصميمها لتحقيق الأهداف الخاطئة.

هذه الأسباب هي سبب وضع هذا التركيز على الإستراتيجية في جميع أنحاء هذا الكتاب. سنصل إلى التنفيذ ، وجميع النصائح والحيل على أرض الواقع - لكن ثق بي في أن التفكير رفيع المستوى هو المكان الذي يبدأ فيه أي عمل ناجح ، يعمل في أي مجال أو مجال.

تشكل ثلاثة مستويات ملف تعريف الإستراتيجية لعملك: استراتيجية العلامة التجارية والاستراتيجية الرقمية والاستراتيجية الاجتماعية. بينما ينصب التركيز الشامل لهذا الكتاب على الأخيرين ، سنتعرف على جميع المستويات الثلاثة لضمان بدء عملك بعمل أساسي قوي.

استراتيجية العلامة التجارية

استراتيجية العلامة التجارية هي كل شيء عن الهوية. يستكشف أسئلة حول ماهية عملك ، ولماذا يوجد ، وما الذي يحاول تحقيقه. يضمن تحديد استراتيجية علامتك التجارية أنه يمكنك توصيل علامتك التجارية بقوة ، مما سيساعدك في الوصول إلى عملائك المستهدفين وتنمية عملك.

أولا ، ما هي العلامة التجارية؟ نحن ننظر إلى علامتك التجارية على أنها الطريقة التي ينظر بها الأشخاص (بمن فيهم أنت) إلى عملك. تدور استراتيجية العلامة التجارية حول الرسائل التي تشبع العملاء المحتملين برؤية إيجابية لعملك: قبل مشاركة هذه الرسالة ، تحتاج إلى التأكد من أنها تمثل عملك بدقة ومنطقية من منظور التسويق.

لإنشاء استراتيجية علامتك التجارية ، اسأل نفسك الأسئلة التالية. يوصى بالتعبير عن أفكارك في مجلة أو مساحة واسعة:

1. من هو عملك؟ ما هي المشكلة التي يحلها ، أو يحتاجها ويريد أن يقابلها؟

2. لماذا يجب أن يأتي العملاء إليك مقابل المنافسين؟ هل أنت أرخص أو أعلى جودة أو أفضل للبيئة؟ ما هي مهمتك، وما هي قيمك؟

3. كيف تريد أن يشعر عملك؟ قد تجد هذا تمرينا غريبا ، لكن جربه - تخيل شخصية ونبرة وحيوية العمل كما لو كان شخصا.

تفي هذه الأسئلة بالجزء المفاهيمي من استراتيجية العلامة التجارية ، والذي يمكن اعتباره جوهر علامتك التجارية - ببساطة ، هو ما يجعل عملك على ما هو عليه. أضف بعض المضمون إلى هذه الأفكار في الخطوات التالية:

1. قم بإنشاء عرض تقديمي لعملك في بضع جمل.

2. اختر بعض الشعارات القوية التي تنقل الغرض من عملك.

3. إذا لم تكن قد قمت بذلك بالفعل ، فتأكد من أنك فكرت في نظام الألوان والشعار والطباعة التي تمثل عملك على أفضل وجه.

عند اتخاذ هذه الخطوات ، يجب أن يكون لديك فكرة أوضح بكثير ، أو على الأقل فكرة مكتوبة فعليا ، عن ماهية عملك وكيف يمكنك توصيله إلى العالم بشكل أفضل. مع اكتمال هذه الخطوة ، يمكننا الانتقال إلى الاستراتيجية الرقمية والاستراتيجية الاجتماعية.

الاستراتيجية الرقمية

الاستراتيجية الرقمية هي فن مطلق: مع تحديد رسائل علامتك التجارية وهويتك بوضوح ، فإن إنشاء استراتيجيتك الرقمية يتعلق أكثر بالأساليب والمبادئ الرقمية الفعلية التي ستستخدمها لتنمية عملك.

تبدأ الاستراتيجية الرقمية ، كما هو الحال مع جميع الاستراتيجيات المناسبة ، بالأهداف. يجب أيضا دمج قطعة ثانية غالبا ما يتم نسيانها ، وهي الوضوح بشأن مؤشرات الأداء الرئيسية الفعلية (KPIs) لقياس التقدم نحو الأهداف الرقمية.

لتحديد الهدف من استراتيجيتك الرقمية ، ابدأ بالهدف رفيع المستوى لعملك. هل تحاول جني أكبر قدر ممكن من المال؟ هل أنت أقل اهتماما بالنمو ، وتفضل إعطاء الأولوية للاستقرار؟ أم أنك تحاول الوصول إلى أكبر عدد ممكن من الناس؟

خذ بعض الوقت للنظر في الأمر (كن صادقا مع نفسك!) واكتبه في جملة واحدة.

تشكل هذه الجملة أساس استراتيجيتك الرقمية بأكملها. يتمثل أحد الأخطاء الرئيسية لمعظم الشركات في دخول الفضاء الرقمي في أنها تفعل ذلك بأعينها مغلقة - بناء على فكرة ما لمواكبة العصر ولكن دون أي فكرة عن سبب وجودها هناك ، ستفشل هذه الشركات في النهاية في الاستفادة الكاملة من مجموعة الأدوات الرقمية المتاحة لها بسبب افتقارها إلى التماسك.

لا يتعلق الأمر فقط بوجود هدف - بمجرد تحديد هدفك ، اعمل بشكل عكسي لتحديد المقاييس الاجتماعية الرئيسية التي ستستخدمها لقياس تقدمك نحو هذا الهدف. فيما يلي بعض المقاييس الأكثر شيوعا التي تستخدمها الشركات لقياس نجاحها الرقمي:

المشاهدات: إذا كان هدفك هو وضع أكبر عدد ممكن من العيون على عملك ، فإن المشاهدات هي كل ما يدور حوله.

مكالمات المبيعات: إذا كان عملك على متن العملاء من خلال المكالمات ، فإن عدد المكالمات (أو العملاء) التي تم إنشاؤها رقميا يعد مقياسا رائعا يجب مراعاته.

عائد الإنفاق الإعلاني : إذا كان نشاطك التجاري يستخدم الإعلانات، فإن عائد النفقات الإعلانية هو المقياس الرئيسي لتحديد ربحية الإعلانات.[1]

الاجتماعات المحجوزة: إذا كان عملك يعمل من موقع فعلي ، فقد يكون عدد الاجتماعات المحجوزة عبر الإنترنت هو مقياسك الرئيسي للنجاح.

الوحدات المباعة: إذا كان عملك يبيع المنتجات عبر الإنترنت ، فكلما زاد عدد الوحدات المباعة ، كان ذلك أفضل!

قد لا تتضمن القائمة أعلاه مقياسا يناسب نموذج عملك. إذا كان الأمر كذلك ، فابدأ بهدفك واسأل نفسك السؤال "ما الذي يحتاجه عملي أكثر لتحقيق أهدافه؟" مهما كانت إجابتك ، فمن المحتمل أن يكون المقياس الذي بنيت عليه استراتيجية علامتك التجارية.

معظم الشركات العاملة عبر الإنترنت ليس لديها هذا الجزء المهم: فهي تقيس النجاح من خلال عدد المتابعين أو المشاهدات التي تحصل عليها ، على الرغم من أن هذه الأرقام البراقة لا تعكس مدى نجاح الاستراتيجية الرقمية للشركة ، ولا تأخذ في الاعتبار المقاييس التي تساهم بشكل هادف في رؤيتها وأهدافها. توقف لحظة الآن لكتابة KPI الخاص بك.

كجزء من استراتيجيتك الرقمية ، أصبحت الآن واضحا بشأن ما تحاول كسبه وكيف ستقيس النجاح. الخطوة التالية هي تحديد الأنظمة الأساسية والأساليب

---

[1] يتم استخدام ACOS (تكلفة الإعلان عن المبيعات) على بعض المنصات.

والاستراتيجيات التي تساهم على النحو الأمثل في تحقيق مؤشر الأداء الرئيسي الخاص بك.

لاحظ وجود مجموعتين عامتين من الاستراتيجيات الرقمية: التسويق المدفوع والتسويق العضوي. يتكون التسويق المدفوع من الإعلانات الرقمية (التي تأتي في أشكال عديدة - فكر في الإعلانات التلفزيونية مقابل نتائج البحث المدعومة). يتعلق التسويق العضوي في الغالب بإنشاء التواجد الاجتماعي كخطوة أولى ، يليه إنشاء المحتوى ، ويدفع حركة المرور إلى عملك دون الدفع مباشرة مقابل حركة المرور أو العملاء المحتملين.

قبل اتخاذ قرار بشأن الأفضل لنشاطك التجاري ، لاحظ أن الاستراتيجيات الرقمية الرائعة تتضمن عناصر من التسويق الرقمي العضوي والمدفوع ، غالبا بطريقة متشابكة (على سبيل المثال ، الإعلان لمساعدة المحتوى العضوي على الأداء بشكل أفضل). ضع في اعتبارك أيضا أنه من الأفضل عادة تجربة كل منها ، لأنك لن تعرف أبدا ما الذي كان يمكن أن يغير قواعد اللعبة إلا إذا حاولت ذلك. لحسن الحظ ، فإن معظم منصات الإعلانات تجعل التجربة منخفضة التكلفة وأقل جهدا.

في حين أن دمج عناصر كل منها هو الأمثل ، فإليك ملفات تعريف الشركات التي يتم خدمتها بشكل أفضل من خلال كل استراتيجية رقمية شاملة:

التسويق الرقمي المدفوع: يمكن تقديم كل نشاط تجاري تقريبا من خلال نوع من الإعلانات عبر الإنترنت.

تعمل الإعلانات المستهدفة جغرافيا بشكل أفضل مع الأنشطة التجارية التي تعمل من موقع جغرافي فعلي، مثل متاجر الأمهات والبوب أو تجار التجزئة للتكنولوجيا.

تعمل الإعلانات التي تستهدف الاهتمامات ، بالإضافة إلى الرعاية والتسويق المؤثر (والتي سنستكشفها جميعا) ، بشكل أفضل مع الأنشطة التجارية التي تقدم منتجات أو خدمات يمكن شراؤها عبر الإنترنت ، مثل فنان يبيع مطبوعات الطبيعة أو مدرس عبر الإنترنت.

التسويق الرقمي العضوي: مرة أخرى ، يمكن لمعظم الشركات الاستفادة من نوع من التسويق الرقمي العضوي. على المستوى الأساسي ، يجب

على جميع الشركات التأكد من توفر المعلومات المتعلقة بها عبر الإنترنت (وهو أمر سنغطيه بدقة في القسم التالي) وإنشاء قائمة بريد إلكتروني تسمح لها بالوصول إلى العملاء بالأخبار وتحديثات الأعمال وعمليات الإطلاق وأي معلومات أخرى ذات صلة.

في المستوى الثاني من التسويق العضوي ، يجب على أي شركة تستفيد من زيادة مشاركة المجتمع أن تشارك بانتظام المحتوى الذي يجذب مجتمعها وينميه (عبر الإنترنت أو دون الاتصال بالإنترنت). سندخل في أنواع وعمليات إنشاء المحتوى بشكل أكبر.

في المستوى الأخير من التسويق العضوي ، يجب على الشركات التي تبيع المنتجات أو الخدمات عبر الإنترنت إنشاء محتوى مصمم بانتظام لتنمية الجمهور وتحويله إلى عملاء يدفعون. سيتم فحص هذا المفهوم الكامل لبناء القمع بإسهاب.

مع وضع كل هذا في الاعتبار ، خذ لحظة للتفكير في الاستراتيجيات الرقمية التي ستخدم عملك على أفضل وجه وكتابتها.

الآن ، يجب أن يكون لديك فكرة واضحة عن الهدف الذي تحاول تحقيقه ، ومؤشر الأداء الرئيسي الذي يخدم الهدف على أفضل وجه ، وأفضل استراتيجية رقمية لتعظيم مؤشر الأداء الرئيسي هذا. توصلك هذه الخطوات إلى مكان جيد من حيث الرؤية الرقمية والاستراتيجية لعملك.

أثناء القراءة من الآن فصاعدا ، احتفظ بكل من استراتيجية علامتك التجارية واستراتيجيتك الرقمية في الجزء الخلفي من رأسك كإطار عمل للصورة الكبيرة ليتم ملؤه بجميع المعلومات القادمة.

الاستراتيجية الاجتماعية

تكمل استراتيجية وسائل التواصل الاجتماعي المستوى النهائي من هرم استراتيجيتنا الرقمية. وهو ينطوي على إنشاء وجود اجتماعي للشركة ، ومنصات اجتماعية يجب على الشركة نشر المحتوى عليها ، واستراتيجية المحتوى. ستضع استراتيجية وسائط اجتماعية لعملك من خلال نظام MAGIC: الأهداف والجمهور والوسيط والمحتوى والتنفيذ.

تم بالفعل تقديم الأهداف والجمهور من خلال استراتيجية العلامة التجارية وتمارين الإستراتيجية الرقمية. خذ بعض الوقت للبناء عليها ، خاصة عندما يتعلق الأمر بتحديد جمهورك. وسع تفكيرك في من يخدم عملك من خلال تحديد التركيبة السكانية المستهدفة (الأشخاص الذين تحاول الوصول إليهم) واهتماماتهم. هذه هي الملفات الشخصية التي ستستخدمها لتصميم المحتوى الاجتماعي واستهداف العملاء على منصات الإعلانات المدفوعة.

بالإضافة إلى ذلك ، تأكد من أن مؤشر الأداء الرئيسي لاستراتيجيتك الرقمية منطقي في سياق وسائل التواصل الاجتماعي. على سبيل المثال، يتم نقل "المشاهدات" عبر بسهولة كمؤشر أداء رئيسي نظرا لأنه يتم استخدامه في سياق رقمي واجتماعي ، ولكن شيئا مثل "الحجوزات عبر الإنترنت" أكثر قابلية للقياس مثل "نقرات الارتباط" نظرا لأن النقرات على الروابط المضمنة في ملفات تعريف الوسائط الاجتماعية هي الإجراء المباشر على منصة وسائط اجتماعية تؤدي إلى مؤشر الأداء الرئيسي الشامل.

بهذه الطريقة ، ضع في اعتبارك الخطوات التي تريد أن يتخذها العملاء ، وفكر في الخطوة الأخيرة التي تريد أن يتخذها العملاء على منصة وسائط اجتماعية. هذا ، في جوهره ، هو مؤشر الأداء الرئيسي لعملك في سياق وسائل التواصل الاجتماعي.

بعد ذلك ، ضع في اعتبارك **الوسائط** الاجتماعية ، أو المنصات ، التي يمكنك من خلالها تلبية مؤشرات الأداء الرئيسية لاستراتيجيتك الاجتماعية على أفضل وجه. تتطلب بعض الأنظمة الأساسية التي سنستكشفها فقط أن يكون لنشاطك التجاري وجود من خلال ملف تعريف غير نشط أو شبه نشط. لا تتطلب مجموعة المنصات هذه محتوى تم إنشاؤه خصيصا لها ما لم يتناسب عملك مع مكانة النظام الأساسي (خذ Pinterest والشركات التي تركز على التصميم). المنصات الأربعة الأولى التي ننظر إليها (خارج موقع الويب ، وهو مطلب مطلق) هي أغراض عامة وتتطلب محتوى متخصصا إذا تعرفت عليها كوسيلة اجتماعية قيمة لعملك. الاثنان التاليان أقل أهمية لكنهما لا يزالان رائعين (ومربحين في النهاية) للبناء عليهما. يتطلب الأخيران ملفات تعريف ، لكنهما لا يحتاجان إلى محتوى متخصص ما لم يتناسب ذلك مع خطة MAGIC الخاصة بك.

لا يمكنني التأكيد على أهمية وجود وجود اجتماعي عبر جميع هذه المنصات. هذه الخطوة من خطة MAGIC هي بالأحرى المكان الذي يجب أن تقرر فيه الأنظمة الأساسية التي ستلتزم عملك بنشر المحتوى ومتابعة النمو بنشاط.

موقع الويب: موقع الويب الخاص بك هو الوجه الرقمي ومحور عملك. يوفر طريقة سهلة للعملاء للتعرف على عملك والتقاط أي معلومات قد يحتاجون إليها. إنها أيضا فرصة لك لبيع المنتجات أو الخدمات عبر الإنترنت ، ونشر المحتوى ، وإنشاء قائمة بريد إلكتروني ، وتوجيه المشاهدين نحو ملفاتك الشخصية الرقمية الأخرى. باختصار ، يجب أن يكون لدى جميع الشركات موقع ويب عالي الجودة في عصرنا الحديث.

انستغرام: Instagram هي واحدة من أكثر منصات الوسائط الاجتماعية المضمنة والمتعددة الأوجه. بدأت كمنصة لمشاركة الصور ولكنها توسعت لتشمل العديد من أنواع المحتوى من خلال بكرات Instagram (فيديو قصير، أو أقل من دقيقة واحدة)، مقاطع فيديو Instagram (فيديو طويل، أو أكثر من دقيقة

واحدة) ، والقصص (اختفاء محتوى الصور / الفيديو) ، والتسوق على Instagram ، وبث Instagram المباشر. يمكن للعديد من الأنشطة التجارية إدراج منتجاتها مباشرة داخل تطبيق Instagram. بغض النظر ، يعد إنتاج المحتوى على Instagram أمرا ضروريا لجميع الشركات الصغيرة تقريبا ، سواء كان هدفك هو بناء جمهور أو التواصل مع المجتمعات المحلية.

فيسبوك: كان Facebook أول خدمة وسائط اجتماعية تتجاوز المدونات تصل إلى الاستخدام السائد. مثل Instagram ، يمكن مشاركة أنواع متعددة من المحتوى ، بما في ذلك النصوص والصور والفيديو والبث المباشر. Facebook أمر لا بد منه لجميع الشركات الصغيرة.

Google: ملفك الشخصي لنشاطك التجاري على Google هو الطريقة التي يمكن لمستخدمي Google (أي الجميع) من خلالها الحصول بسرعة على معلومات حول نشاطك التجاري من خلال محركات البحث مثل Chrome وخرائط Google. يعمل Yelp بطريقة مشابهة لملفات تعريف Google Business ، وعلى الرغم من عدم تغطيته من الآن فصاعدا ، ففكر في اتباع المخطط التفصيلي المقدم في قسم إعداد ملف تعريف Google Business القادم للمطالبة بصفحة Yelp الخاصة بك في business.yelp.com.

YouTube: YouTube هو موقع الويب المثالي لمشاركة الفيديو الذي يتكون في الغالب من مقاطع فيديو طويلة (أكثر من عشر دقائق) بالإضافة إلى مقاطع فيديو قصيرة من خلال YouTube shorts. إنه مكان جيد لاستضافة بعض الإرشادات التفصيلية أو مقاطع الفيديو التمهيدية لعملك. على أي نطاق أكبر أو أكثر اتساقا ، يعد إنتاج مقاطع فيديو طويلة الجودة على YouTube مهمة استثمارية عالية أفضل للشركات التي تعمل عبر الإنترنت ؛ خذ شركات البرمجيات أو الوكالات الرقمية. ومع ذلك ، تعد مقاطع YouTube القصيرة مكانا سهلا

لمشاركة مقاطع الفيديو القصيرة التي ينشئها نشاطك التجاري ، إن وجدت ، للتوزيع الأساسي على الأنظمة الأساسية الأخرى.

TikTok: TikTok هو اللاعب المهيمن في الفضاء القصير. تقدم منصة الإعلانات الخاصة بها فرصة كبيرة للشركات التي تبيع المنتجات أو الخدمات عبر الإنترنت ، في حين أن النظام الأساسي بأكمله يعد طريقة رائعة لتعريف الأشخاص على نطاق واسع بعملك ومجتمعك.

LinkedIn: LinkedIn هو تطبيق الشبكات الأساسي للشركات والمهنيين ؛ يمكن مشاركة جميع أنواع المحتوى عليه ، وهي طريقة رائعة لأي عمل تقريبا (وصاحب عمل صغير!) لإجراء اتصالات مهنية وتوظيف المواهب والتفاعل مع جمهور محلي.

تويتر: تويتر هو التطبيق الكلاسيكي لمشاركة النصوص القصيرة. إنها طريقة رائعة لنشر تحديثات سريعة حول منتجاتك وخدماتك وعملك. من الأفضل للشركات التي لا تتطلع على وجه التحديد إلى الوصول إلى جمهور محلي ، بل للوصول إلى جمهور أوسع لا يقتصر على الجغرافيا.

بينتيريست: بينتيريست هي منصة مرئية لمشاركة الصور. إنه الأفضل للشركات التي لديها نوع من الهوية المادية المرتبطة بمنتجاتها أو خدماتها ، مثل ماركات الأزياء أو مديري العقارات أو ما شابه ذلك ، بالإضافة إلى أي عمل يستهدف النساء في المقام الأول (حيث أن 85٪ من مستخدمي Pinterest البالغ عددهم 80 مليون مستخدم هم من النساء).

مع وضع هذه الأوصاف في الاعتبار ، خذ بعض الوقت للنظر في المنصات التي تخدم على أفضل وجه تعظيم أهدافك الاجتماعية.

الخطوة التالية في نظام MAGIC هي المحتوى. ينقسم هذا إلى نوع المحتوى وانتظام المحتوى الذي سينشئه عملك ويشاركه على الأنظمة الأساسية المحددة. ينقسم المحتوى إلى أربع فئات محتملة:

صورة تمثل هذه الفئة جميع المحتويات التي تتم مشاركتها كإطار ثابت ، سواء كانت صورا فوتوغرافية للمنتج أو صور تصميم جرافيك توضح بالتفصيل رسالة إعلانية.:

فيديو تشمل هذه الفئة كلا من محتوى الفيديو القصير (أقل من دقيقة واحدة) والطويل (الذي يزيد طوله عن دقيقة واحدة).:

الكتابة: هذه الفئة واسعة وتتضمن العديد من أنواع المحتوى البارزة: البريد الإلكتروني والمدونة والنص هي الثلاثة الكبار.

صوتي: على الرغم من أنه أقل شعبية بالنسبة للشركات ، إلا أن المحتوى الصوتي يتكون بشكل أساسي من البودكاست والأحداث المباشرة والصوتية فقط. يعتمد نوع المحتوى الذي تنشئه على الوسائط الاجتماعية التي اخترتها كتلك التي يجب متابعتها. فيما يلي أنواع المحتوى الموجودة على كل نظام أساسي موصوف:

- الموقع الإلكتروني
  - جميع أنواع المحتويات
- انستغرام
  - صور ، فيديو ، مباشر
- تيك توك
  - فيديو قصير ، مباشر
- فيس بوك
  - صور ، فيديو ، مباشر

- يوتيوب
  - فيديو، مباشر
- التغريد
  - قصيرة من الكتابة
- لينكد إن
  - الكتابة والفيديو والبث المباشر
- بينتيريست
  - صور وفيديو

يتم استكشاف أفضل الممارسات لإنشاء المحتوى بشكل أكبر في الكتاب. في الوقت الحالي، اكتب أنواع المحتوى التي سينتجها عملك ويشاركها.

في هذه المرحلة، أنت تعرف ما الذي تهدف إليه، ولمن تنتج المحتوى، وعلى أي منصات ستشارك المحتوى، والشكل الذي سيتخذه هذا المحتوى.

الخطوة الأخيرة في نظام MAGIC هي تحديد **التنفيذ**. يشير التنفيذ إلى العمليات التي يجب وضعها لتحويل استراتيجيتك الرقمية والاجتماعية إلى حقيقة واقعة في عملك.

يختلف هذا بشكل كبير وفقا لنوع العمل: لن يعمل رائد أعمال واحد يدير أعماله التعليمية عبر الإنترنت بنفس طريقة عمل المحاسبة المكونة من ثلاثين شخصا، على سبيل المثال، عندما يتعلق الأمر بالإعلان أو إنشاء المحتوى. سنستكشف طرقا لزيادة كفاءة العمليات مثل إنشاء المحتوى خلال الفصل السادس.

بشكل عام، تتلخص الأنظمة والممارسات التي ستحتاج إلى مراعاتها عندما يتعلق الأمر بوسائل التواصل الاجتماعي في ما يلي:

الإدارة: من يمكنه إدارة أعماق موقع WordPress أو Shopify؟ هذا مطلوب كحد أدنى أثناء إنشاء موقع ويب أو أي عملية رقمية أخرى تتطلب معرفة تقنية (ما لم تكن أنت أو شعبك على استعداد لتعلم أنفسكم) ويجب أن تكون حاضرا على مستوى ما بعد ذلك لمنع الأخطاء الفنية البسيطة من التحول إلى عوائق

غير ضرورية (على سبيل المثال ، عدم تشغيل التحديثات التلقائية لمكونات WordPress الإضافية وتعطل موقع الويب نتيجة لذلك).

التفكير في المحتوى والتكرار: من الأفضل التفكير في التفكير والإبداع كعمليتين منفصلتين. بصفتي مؤثرا منذ فترة طويلة ، وجدت أن وضع التفكير في المحتوى وإنشائه في نفس النافذة أمر مرهق بلا داع ويؤدي دائما إلى محتوى أقل جودة. يجب ربط إنشاء المحتوى في المستقبل بالتحليلات وأداء المحتوى الحديث (على سبيل المثال ، إذا انفجر مقطع فيديو ، فقم بإنتاج المزيد من مقاطع الفيديو بأسلوب أو رسالة مماثلة ، بينما إذا لم يكن أداء الفيديو جيدا ، فتوقف عن إنتاج هذا النوع من المحتوى). **إنشاء المحتوى:** يمكن أن يتخذ هذا أشكالا عديدة ، لأنه يتكون من إنشاء محتوى عبر مجموعة من أنواع المحتوى المختلفة: الكتابة ، والصور ، والفيديو ، وما إلى ذلك.

الجدولة والنشر والإدارة: نشر المحتوى والرد على التعليقات والرسائل وتحديث الملفات الشخصية وما إلى ذلك. هذا العمل منخفض المهارة ، على الرغم من أنه يتطلب درجة معينة من القدرة على الاتصال ، فضلا عن معرفة العمل ، نظرا لتفاعلاته المنتظمة مع العملاء.

الميزانية: يمكن الاستعانة بمصادر خارجية أو أتمتة العديد من عمليات وسائل التواصل الاجتماعي. القيام بذلك يأتي مع ثمن حتى بصرف النظر عن تكلفة الإعلانات المدفوعة. سواء كانت النفقات ناتجة عن العمالة أو الإعلان ، فإن التأكد من أن المساعي الرقمية لعملك مربحة وتعديل الميزانيات المقابلة وفقا لهذه المعلومات هي عملية منتظمة مهمة للتنفيذ.

بينما تغطي هذه العمليات معظم ما يحتاجه عملك للعمليات الناجحة ، فقد تحتاج إلى بناء أنظمة بديلة لإدارة الأعمال الأخرى التي تظهر. في مثل هذه الحالات ، تهدف إلى التشغيل الآلي والتبسيط كلما أمكن ذلك مع الحفاظ على رؤية ومهمة متسقة في

جميع المجالات. كنصيحة سريعة ، ضع في اعتبارك أن الشباب غالبا ما يكونون على استعداد للعمل كمتدربين غير مدفوعي الأجر عندما يتعلق الأمر بالعمل على وسائل التواصل الاجتماعي.

لقد وصلنا الآن إلى نهاية نظام MAGIC. يجب أن يكون لديك فكرة واضحة عما يلي:

- ما يخطط عملك لتحقيقه على وسائل التواصل الاجتماعي وفي البيئة الرقمية.
- نوع الأشخاص الذين ستتصل إليهم.
- المنصات التي ستتقدم عليها.
- نوع المحتوى الذي ستقوم بإنشائه.
- العمليات التي ستنفذها في عملك لتحقيق كل ذلك.

الآن ، لقد أكملت جميع المستويات الاستراتيجية الثلاثة. لديك وضوح في هويتك وماذا ستفعل كشركة تعمل عبر الإنترنت.

ما تبقى هو إنجازه: بقية الكتاب عبارة عن غوص عميق في تحويل الخطوات التي حددتها إلى واقع ملموس ، بدءا من دليل لإعداد وجود رقمي لعملك.

تأسيس تواجدك الرقمي

بغض النظر عن المحتوى أو استراتيجية وسائل التواصل الاجتماعي ، فإن الخطوة الضرورية لجميع الشركات الصغيرة هي إنشاء وجودها الرقمي من خلال إنشاء ملفات تعريف اجتماعية عبر المنصات المدرجة في الفصل الثالث. يخدم هذا عدة أغراض: فهو يوفر عرضا أكبر للأعمال التجارية عبر محركات البحث ، ويضمن إمكانية العثور على معلومات حول النشاط التجاري ، ويؤمن أسماء المستخدمين ، وكذلك الحسابات ، لاستخدامها في المستقبل.

من المهم إعداد الملفات الشخصية الاجتماعية بطريقة توفر درجة أساسية من المعلومات حول نشاطك التجاري للمشاهدين وتحتل مرتبة جيدة في الخوارزميات. يضمن ذلك أنه إذا بحث الأشخاص عن عملك أو خدمة / منتج من النوع الذي تقدمه في أي مكان عبر الإنترنت ، فسيظهر ملفك الشخصي بالقرب من الأعلى. مرة أخرى ، بغض النظر عن استراتيجية المحتوى الخاصة بك ، هذه ضرورة مطلقة.

كل منصة لديها أفضل الممارسات الخاصة بها لإعداد الملفات الشخصية. في جميع المجالات ، تهدف إلى تأمين اسم المستخدم الذي يمثل عملك على أفضل وجه. استبعاد الأرقام والشرطات السفلية كلما أمكن ذلك وتخفيف الطول. ضع في اعتبارك بعض الأمثلة (باللون الأحمر هي أسماء المستخدمين التي لن تستخدمها ، باللون الأخضر هي أسماء المستخدمين التي ستستخدمها):

:Mary'sB&B

mary_bed_breakfast|marysbedandbreakfast|marysbnb

أومني: أومنينيويورك | أومني2 | omni_besttech | اومني

الأطعمة الكاملة: هولر فودز 4u | whole_foods_nyu | هولر فودز

في جميع المجالات ، ستحتاج إلى صورة ملف تعريف عالية الجودة. ستجعل هذا عادة شعار شركتك - فقط ضع في اعتبارك أنه كلما كان أكثر وضوحا وأقل ازدحاما ، كان ذلك أفضل. تأكد من تخصيص شعارك إذا لم يكن مناسبا لإعداد صورة الملف الشخصي.

أسماء المستخدمين وصور الملفات الشخصية هي الأساسيات عبر الأنظمة الأساسية - فيما يلي أفضل الممارسات لإعداد الملفات الشخصية الاجتماعية على أساس كل نظام أساسي ، مرتبة حسب الأهمية: [2]

---

[2] عبر جميع الأنظمة الأساسية ، حاول التحقق من ملفك الشخصي. يتطلب هذا عادة أن يكون عملك قد ظهر في المقالات التي نشرتها المؤسسات الإعلامية

جوجل للأعمال

الملفات التجارية هي خدمة تقدمها Google لجعل نشاطك التجاري قابلا للبحث عبر محركات البحث وتطبيقات الخرائط. إذا كان لنشاطك التجاري موقع فعلي ، فهذه خطوة أولى أساسية ، وهي خطوة مضمونة لجذب المزيد من الزيارات إلى موقعك. الملفات الشخصية للأعمال هي أيضا المكان الذي يمكن للعملاء فيه ترك تعليقات حول تجربتهم ، والتي يمكن أن تكون بمثابة دليل اجتماعي لتحويل حركة المرور الرقمية إلى عملاء حقيقيين. بصفتك مالكا للملف التعريفي لنشاطك التجاري، يمكنك الإجابة عن الأسئلة والرد على المراجعات وإعداد التنبيهات وتمكين المراسلة المباشرة ونشر المشاركات.

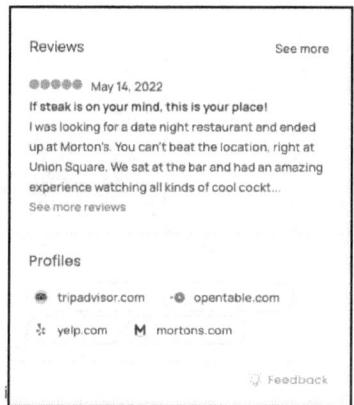 

لاحظ هذا الملف الشخصي ل Google Business لمطعم Morton's Steakhouse ، والذي يظهر عندما يبحث السكان المحليون عن "ستيك هاوس" الكبرى. بينما تختلف تعليمات التحقق على أساس كل نظام أساسي ، تأكد من الاستفسار عن العملية وإرسال طلب تحقق بمجرد أن يلبي عملك متطلبات الوسائط.

أو "ستيك بالقرب مني". وبهذه الطريقة، تقدم الملفات التجارية في Google العملاء بشكل فعال إلى المطعم وتدفعهم إلى الموقع الفعلي.

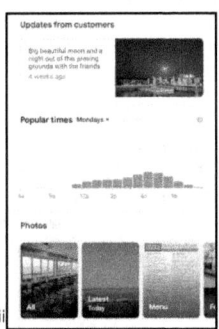

ii

يمكن البحث في الملف التجاري على Google هذا على "خرائط Google". يوفر معلومات مفيدة للعملاء المحتملين ، مثل ساعات العمل ووسائل الاتصال والأوقات الشائعة وروابط الحجز.

على Google، يتم إرفاق الملفات الشخصية للنشاط التجاري بالموقع الفعلي للنشاط التجاري واسمه وفئته. يمكن لأي شخص إرسال موقع جغرافي لملف تجاري ، مما يعني أن نشاطك التجاري قد يكون لديه ملف شخصي من قبل. إذا كان الأمر كذلك ، فستحتاج إلى المطالبة بالملف الشخصي والبناء عليه. إذا لم يكن الأمر كذلك ، فستحتاج إلى إنشاء واحدة لعملك.

للمطالبة بملف شخصي، ابحث أولا عن نشاطك التجاري (من خلال العنوان أو الاسم) على خرائط Google. ثم ، انقر فوق "المطالبة بهذا الملف الشخصي" واتبع التعليمات.

لإنشاء ملف تعريف ، انتقل إلى google.com/business وانقر على "إدارة الآن". انقر فوق "إضافة نشاطك التجاري إلى Google" واملأ المعلومات اللازمة. يتضمن ذلك اسم النشاط التجاري والعنوان ومنطقة الخدمة وفئة النشاط التجاري وتفاصيل الاتصال.

بمجرد إنشاء ملفك الشخصي أو المطالبة به ، قم بتحسينه لأداء جيد في محركات البحث من خلال الخطوات التالية:

الشعار والوصف. هذه هي الأساسيات. أضف شعارا ممتعا بصريا ووصفا يغطي أنشطة وعروض النشاط التجاري. فكر في الوصف على أنه عرض تقديمي للمصعد: احصل على الفكرة وعرض القيمة بطريقة موجزة وصحيحة نحويا وصديقة للخوارزمية.[3]

أضف الصور ومقاطع الفيديو. تضيف الوسائل البصرية عمقا وتحسن الشرعية وتجذب الانتباه. قم بتضمين المحتوى الذي يغطي الجزء الخارجي من موقع العمل الفعلي (إن وجد) ، والداخل ، والمنتجات أو الخدمات المقدمة ، والفريق.

تفاصيل الاتصال. أضف ساعات العمل ومعلومات الاتصال. لتتبع المكالمات الواردة من الملف التجاري، أضف رقما فريدا لا يظهر في أي مكان آخر.[4]

---

[3] أعني بالخوارزمية الودية وصف الأعمال والأنشطة التجارية باستخدام الكلمات الرئيسية الشائعة وإدخالات البحث ـ وليس وقت الكلمات الكبيرة!
[4] على الرغم من أن "نشاطي التجاري على Google" يوفر تحليلات إحالة المكالمات في تقرير الإحصاءات، إلا أنه لا يغطي سوى أجهزة الجوال التي تستخدم النقر للاتصال، وليس جميع المكالمات التي يتم إجراؤها من خلال هذا الرقم.

الحصول على المراجعات وإدارتها. حفز العملاء بطريقة ما على ترك تعليق أو اطلب من النظاميين والأصدقاء ترك تعليقات. سترغب في تجميع ما لا يقل عن بضع عشرات من مراجعات نجوم 4.5+ قبل تحقيق الدليل الاجتماعي إلى حد كبير. بعد ذلك ، لا يلزم أن يكون اكتساب المزيد من المراجعات أولوية. بالإضافة إلى ذلك ، خذ وقتا للرد على المراجعات ، سواء كانت إيجابية أو سلبية.

إضافة المنتجات والخدمات. هذه ميزة غير مستغلة بشكل كبير ، لذا استفد منها بالكامل. في لوحة بيانات "نشاطي التجاري على (GMB) "Google، انتقل إلى "المنتجات" في القائمة اليمنى. تتيح لك علامة تبويب المنتجات إضافة البضائع (المادية والرقمية) والخدمات مباشرة إلى ملف تعريف GMB الخاص بك (يجب على المطاعم إضافة عروض ضمن الأطباق الشعبية ووظائف القائمة ، وليس من خلال المنتجات). هذه أداة قوية لأن المنتجات المدرجة يمكن ترتيبها مباشرة في نتائج البحث ، وبالتالي إرسال العملاء في طريقك الذين يبحثون ليس فقط عن عملك أو فئة عملك ولكن عن منتجات محددة أيضا. عند إدراج المنتجات والخدمات ، تأكد من أن صورك عديدة وعالية الجودة. التعاقد مع مصور ، أو العمل مع صديق هاوي ، هو أكثر من يستحق كل هذا العناء. كما هو الحال في وصف الملف التجاري على Google، حاول دمج الكلمات الرئيسية في اسم المنتج ووصفه (إلى حد معقول - يؤدي التحميل الزائد إلى نتائج عكسية). لديك 1000 حرف لوصف المنتج ، لذا استفد بشكل كامل من هذه المساحة. بالإضافة إلى ذلك ، على الرغم من أنك لست مطالبا بإضافة معلومات التسعير ، فمن الرائع القيام بذلك إذا لم يتغير سعرك كثيرا. أخيرا ، اختر زر الحث على اتخاذ إجراء الذي يناسب هدفك ؛ إذا كنت تبيع عبر الإنترنت ، فعادة ما يكون زر "الطلب عبر الإنترنت" هو الأفضل ، بينما إذا كنت تبيع فقط في موقع فعلي ، فإن "معرفة المزيد" أو "الشراء" هو السبيل للذهاب (يجب أن تعيد هذه الأزرار التوجيه إلى صفحة مقصودة تشجع العملاء على التفاعل فعليا مع عملك). باستخدام هذه النصائح ، قم بإدراج المنتجات والخدمات بالحد الأقصى للحجم الذي يسمح به نشاطك التجاري ، حيث أن المزيد من القوائم لن يؤدي إلا إلى زيادة التصنيفات وزيادة عدد الزيارات.

تحقق بانتظام من الرؤى. ضمن التحليلات في لوحة معلومات "نشاطي التجاري على Google"، يمكنك الاطلاع على إدخالات البحث التي يدخلها العملاء للعثور على ملفك التجاري، والإجراءات التي يتخذونها مرة واحدة في الملف الشخصي، والأداء النسبي للمحتوى في الملف التجاري. تحقق من هذه التحليلات على فترات منتظمة لتحديد الاتجاهات في اهتمام العملاء. استخدم هذه المعلومات لزيادة تحسين ملف تعريف GMB الخاص بك ، بالإضافة إلى وجودك الاجتماعي الأكبر.

انستغرام

يبدأ إعداد ملف تعريف Instagram محسن باسم المستخدم. اختر اسم مستخدم وصورة ملف تعريف وفقا لإرشادات أفضل الممارسات في الصفحة الثانية والعشرين. اختر فئة تمثل نشاطك التجاري وتأكد من تعيين الفئة إلى عامة في الملف الشخصي. وبالمثل ، أدخل الاسم الكامل للنشاط التجاري أو شعار النشاط التجاري في قسم "الاسم" (خاصة إذا كان الاسم طويلا جدا بحيث لا يعمل كاسم مستخدم) واربط الصفحة الرئيسية لنشاطك التجاري في قسم موقع الويب.

استخدم البنية التالية كنقطة انطلاق لكتابة وصف Instagram الخاص بك:

- ابدأ بسطر أو سطرين يسلطان الضوء على الخدمات أو المنتجات التي يقدمها نشاطك التجاري ويحدد جمهورك المستهدف. لا تجعل هذا طويلا أو كلاميا بشكل مفرط: ركز على البساطة والوضوح.

- قم بتضمين عبارة تحث المستخدم على اتخاذ إجراء مشتقة من استراتيجيتك الرقمية. هل تحاول جذب المشاهدين والمتابعين الاجتماعيين إلى موقع الويب الخاص بك؟ هل تحاول حملهم على إجراء مكالمة معك ، أو زيارة الموقع الفعلي لعملك؟ مهما كان الأمر ، استخدم هذا الخط لتحفيز المشاهدين أو حثهم على السير في هذا المسار.

- إذا كان لديك عرض ترويجي خاص أو عرض أو إطلاق منتج / خدمة جديدة قريبا ، ففكر في وضع ذلك في السيرة الذاتية كخط.

- في جميع المجالات ، قم بدمج الرموز التعبيرية لإضافة اللون والإثارة ، ودمج الكلمات الرئيسية التي تصف عملك وعروضه.

لاحظ ما يجب فعله وما لا يجب فعله:

Username does not fully reflect the business name.
bpnsupps
Message
Follow
1,674 posts 257K followers 211 following
BPN-Bare Performance Nutrition
Health & performance supplements you can trust.
GO ONE MORE®
linktr.ee/bpnsupp
Keywords added to name
Concise description.
Elegant and simplistic profile photos
luckysupermarkets
Message
Follow
1,372 posts 4,629 followers 57 following
Lucky Supermarkets
Grocery Store
We love to help our guests bring new and exotic flavors to their homes, as well as, offer them an incredible shopping experience.
linktr.ee/luckycalifornia
Lucky
Business category is presented
Overly wordy and bad grammer.

iii

philzcoffee
2,080 posts 68.1K followers 374 following
Philz Coffee
Use of custom hashtag
Messy link
Visually enticing logo that clearly imparts the business name.
agenciflow
9 posts 4,396 followers 601 following
AgenciFlow
The All-in-One Platform for Agency Owners
Get Paid, Communicate with Clients, and Manage all your Projects & Tasks!
Way less admin way more money
www.agenciflow.com
Description desribes the product and the target audience.

iv

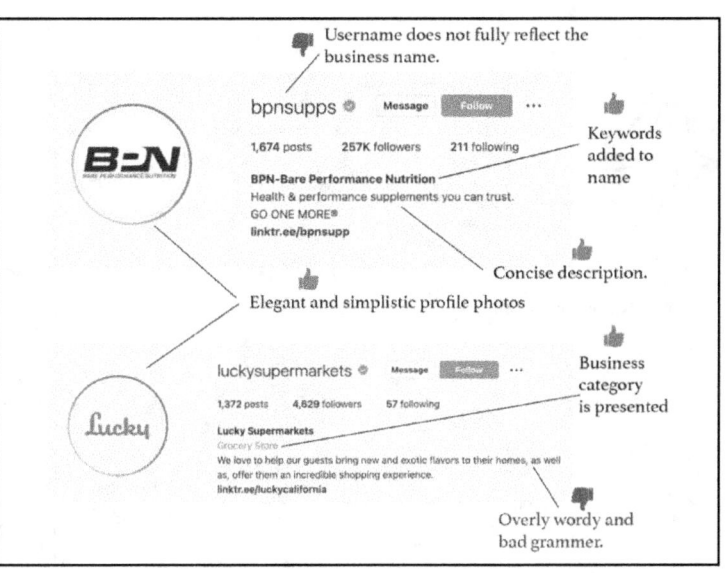

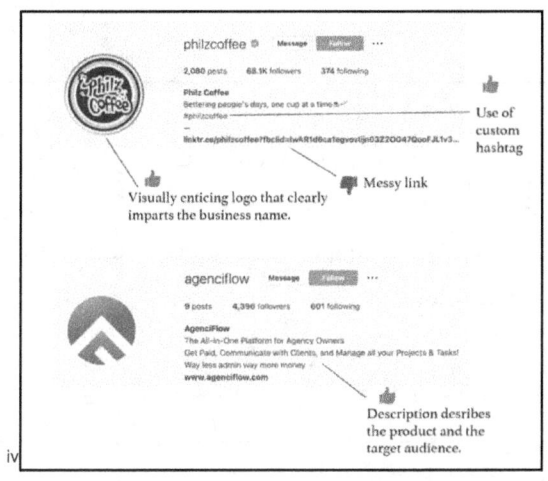

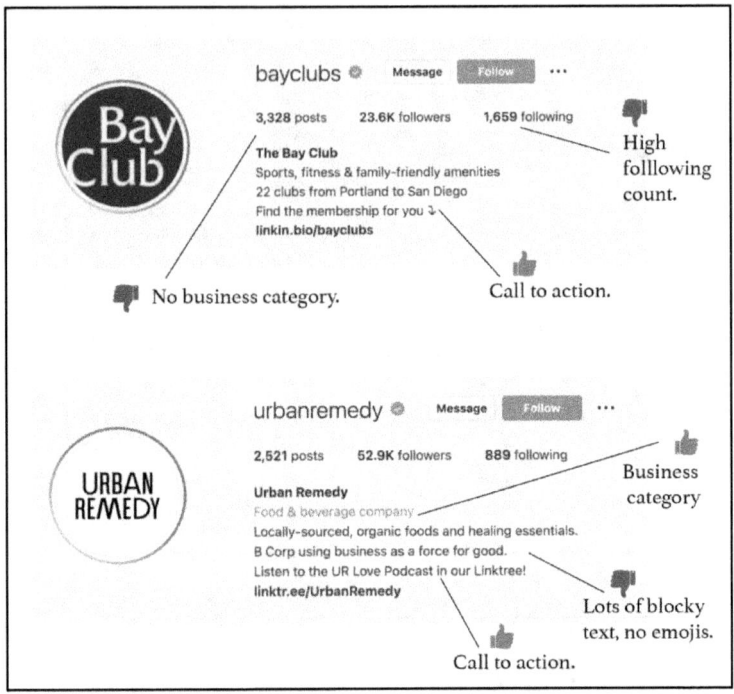

اكتملت سيرتك الذاتية ، انتقل إلى الإعدادات > الحساب > قم بالتبديل إلى الحساب الاحترافي. يؤدي هذا إلى نقل صفحة Instagram الخاصة بك من حساب شخصي إلى حساب تجاري ويتيح لك الاتصال بحساب Facebook المرتبط بعملك. تتمتع حسابات الأعمال على Instagram بإمكانية الوصول إلى رؤى المنشورات والمتابعين والعروض الترويجية وخيارات الاتصال بالملف الشخصي.

بمجرد ترحيل الصفحة إلى حساب احترافي ، أضف خيارات الاتصال إلى ملفك الشخصي. من الأفضل إضافة رقم هاتف وبريد إلكتروني واتجاهات إلى موقعك الفعلي (إذا كان هذا ينطبق على نشاطك التجاري). تعد خيارات الاتصال هذه خطوة مهمة في تحويل المشاهدين والمتابعين الاجتماعيين على Instagram إلى عملاء.

في هذه المرحلة ، يجب أن يحتوي ملف تعريف Instagram لنشاطك التجاري على ما يلي:

- اسم المستخدم.
- صورة شخصية موجزة وجذابة بصريا.
- فئة الأعمال.
- اسم النشاط التجاري أو الشعار (سطر الاسم).
- الوصف الذي يقدم النشاط التجاري والعروض المرتبطة به ، ويذكر الجمهور المستهدف ، ويقدم عبارة تحث المستخدم على اتخاذ إجراء.
- التحويل إلى حساب احترافي.
- خيارات الاتصال.

يتم تنفيذ معظم عملك من حيث إعداد الملف الشخصي الفعلي. ومع ذلك ، عند بدء حساب للتو ، من أفضل الممارسات الإضافية إنشاء بعض المنشورات التمهيدية - وهذا يضمن أنك لا تبدأ من صفر مشاركات عند مشاركة الحساب. يجب أن توفر هذه طبقة أساسية من المعلومات والمحتوى الخاص بعملك، مثل الموقع الفعلي (إذا كان هناك واحد) ، أو الفريق أو المؤسسين ، أو موقع الويب ، أو مجموعة شرائح جميلة المظهر ، أو حدث. انشر ثلاث مشاركات على الأقل من هذا النوع (الدوارات هي الأفضل ، وإن لم تكن ضرورية) وفقا لإنشاء الملف الشخصي.[5] بمجرد الانتهاء ، يكون ملف تعريف Instagram الخاص بعملك جاهزا للعالم.

---

[5] تشير الإعلانات الدوارة إلى منشورات Instagram التي تحتوي على أكثر من صورة واحدة.

لينكد إن

LinkedIn هي شبكة التواصل الاجتماعي المهيمنة للمحترفين. على الرغم من أنها معروفة بشعبيتها بين مجتمع التكنولوجيا ، إلا أن LinkedIn تصل إلى مجتمع واسع يضم أكثر من 800 مليون عضو و 58 مليون شركة مسجلة. وجدت HubSpot أن LinkedIn أكثر فعالية بنسبة 277٪ في توليد العملاء المحتملين من Facebook و Twitter ، في حين أن 80٪ من العملاء المحتملين B2B يأتون من LinkedIn - لكل هذه الأسباب وغيرها الكثير ، يعد LinkedIn أداة قوية للتواصل والتسويق ليس فقط لعلامتك التجارية الشخصية ولكن لعملك.[6]

يمكن للشركات على LinkedIn إنشاء صفحة أعمال للترويج لمنتجاتها أو خدماتها ، ونشر المحتوى ومشاركته ، وتحديد فرص B2B ، وزيادة وجود البحث ، وتحديد المرشحين للوظائف.[7]

لإنشاء صفحة أعمال على LinkedIn، يجب أن تستوفي المتطلبات التالية:

- احتفظ بملف تعريف شخصي على LinkedIn لمدة سبعة أيام على الأقل ، وتواصل مع الزملاء ، واحصل على قوة ملف تعريف "متوسطة" على الأقل.
- احتفظ بموقع ويب للشركة وبريد إلكتروني ، وأدرج نفسك كموظف حالي في عملك ضمن قسم "الخبرة" في ملفك الشخصي على LinkedIn.

---

[6] وضعت HubSpot معدل تحويل الزيارة إلى العميل المحتمل في LinkedIn عند 2.74٪ مقابل .77٪ ل Facebook و .69٪ ل Twitter.

[7] خاصة من خلال صفحات عرض LinkedIn ، والتي تعد امتدادا لصفحات أعمال LinkedIn التي تؤكد على علامة تجارية أو منتج معين وتروج له.

ثم ، انقر فوق رمز "العمل" في الزاوية اليمنى العليا من لوحة معلومات LinkedIn وانقر فوق الزر "إنشاء صفحة شركة". اختر "نشاط تجاري صغير" ، واملأ ملف تعريف النشاط التجاري ، وانقر على "إنشاء صفحة". لتحسين الصفحة بشكل كامل، اتبع هذه الخطوات الإضافية:

- أضف صورة غلاف مخصصة (1584 بكسل × 396 بكسل). يجب أن تركز هذه الصورة على عنصر أساسي أو عملك أو منتجك وتهدف إلى تقليل العناصر المشتتة للانتباه.

- اكتب ملخصا في قسم "حول" يوضح بالتفصيل قصة نشاطك التجاري ومنتجاته أو خدماته. قم بدمج الكلمات الرئيسية (كما هو الحال دائما ، إلى حد معقول) في الملخص.

- إذا كان لديك موظفون ، فتأكد من أن لديهم ملفات تعريف شخصية على LinkedIn وقم بإدراج عملك كمكان عملهم. تأكد من إضافة زر "تابعنا على LinkedIn" إلى موقع الويب الخاص بك.

- إذا كنت تتطلع إلى التوظيف (أو وجدت نفسك في مثل هذا الموقف) ، فيمكنك جذب الموظفين من خلال صفحة الوظائف ، والتي تقدم تاريخ شركتك وقيمها وفرص العمل للمرشحين المحتملين. يمكنني أن أضمن ذلك شخصيا - لقد وجدت وظيفتي الأولى على الإطلاق من خلال LinkedIn.

- إنشاء مجموعات LinkedIn والانضمام إليها. ضع في اعتبارك إنشاء مجموعة LinkedIn لعملك أو موضوع يتعلق بالنشاط التجاري.

- استفد من أدوات التتبع والتحليلات داخل LinkedIn ، وخاصة تحليلات صفحة الشركة ، لاكتشاف كيفية تفاعل المتابعين مع صفحتك والمحتوى الخاص بك (وللحصول على المعلومات الديموغرافية).

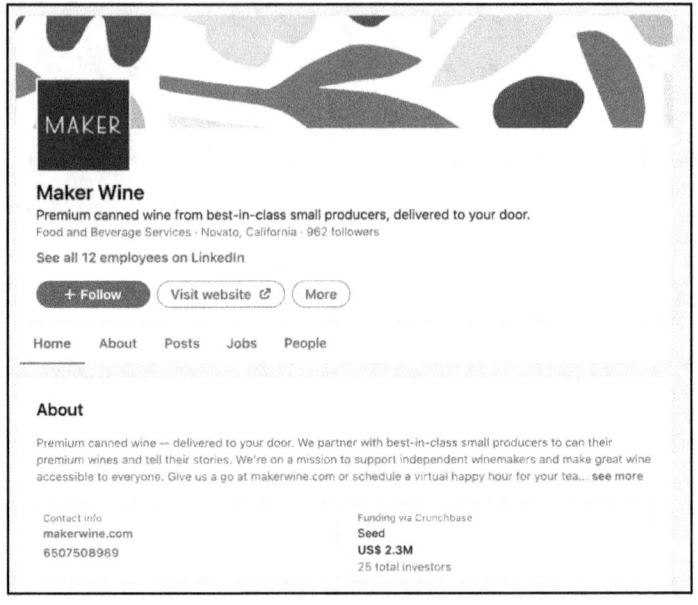

v

لاحظ أن الملف الشخصي يحتوي على وصف مطول ومعلومات اتصال وإحصائيات تمويل اجتماعية.

تضمن هذه الخطوات أن يتم تصنيف عملك بشكل عضوي على محركات البحث الرئيسية وداخل LinkedIn. للتواصل مع المحترفين والشركات داخل نظام LinkedIn البيئي ، بالإضافة إلى الإعلان عن الأحداث أو العروض الجديدة ، والبقاء على اتصال مع العملاء الحاليين ، وزيادة حركة المرور في مسار التحويل (كما تمت مناقشته لاحقا) ، من الأفضل نشر المحتوى بانتظام على LinkedIn. إذا كان لديك بالفعل مدونة على موقع الويب الخاص بك ، فيمكنك بسهولة إعادة توظيف المحتوى للنشر على LinkedIn. إذا لم يكن الأمر كذلك ، فقد يكون من الجيد إنشاء محتوى بنفسك ، أو الاستعانة بمصادر خارجية لإنشاء المحتوى ، أو العمل مع متدرب أو أي حل آخر منخفض التكلفة لإنشاء محتوى أنيق. بينما سنتعمق

أكثر في فن تقليل الجهد وإنشاء المحتوى ذي النتيجة القصوى في أقسام أخرى ، احتفظ بهذه الأفكار في مؤخرة رأسك في الوقت الحالي.

إجمالا ، يعد LinkedIn هو الشرط العملي للشركات الحديثة ذات الوجود الرقمي. أثناء الاستفادة من الشبكة المهنية المتاحة على LinkedIn ، تأكد من التركيز ليس على مقاييس LinkedIn العليا كمقياس أساسي للنجاح (المشاهدات والمتابعون وما إلى ذلك) ، ولكن على الدرجة التي يمكنك من خلالها تعريف المشاهدين بعملك ، والمزيد من الاتصالات ، واكتساب عملاء على المدى الطويل.

فيس بوك

يعد Facebook أكبر منصة وسائط اجتماعية في العالم بكل المقاييس تقريبا - مع 2.91 مليار مستخدم نشط شهريا ، يعد Facebook ضروريا للشركات من جميع الأحجام. يبدأ تأسيس نشاطك التجاري على Facebook بصفحة Facebook ، وهو أمر ضروري لإطلاق الإعلانات بالإضافة إلى التقاط الفائدة المستمدة من تراكم التعرض المجتمعي والاجتماعي. ترتبط صفحات أعمال Facebook بحسابات Facebook الشخصية. بعد تسجيل الدخول إلى حسابك، انتقل إلى facebook.com/pages/creation لإعداد صفحة نشاط تجاري. أضف اسم الصفحة (اسم نشاطك التجاري) وصور الغلاف. املأ قسم "حول" بتفاصيل نشاطك التجاري وعنوانه ومعلومات الاتصال وموقع الويب وساعات العمل. تشكل الأقسام التالية صفحة نشاطك التجاري الجديدة:

المجتمع: عادة ما يأتي هذا القسم في المرتبة الثانية بعد حركة المرور على الصفحة الرئيسية وهو المكان الذي تظهر فيه المنشورات بالإضافة إلى محتوى الصور والفيديو. يمكن إنشاء هذا المحتوى من قبل العملاء ، وليس فقط مسؤولي الصفحة ، ويوفر فرصة للتفاعل المباشر مع العملاء.

الأحداث: يوفر قسم الأحداث مساحة لك لتقديم أحداث الشركة أو المجتمع القادمة والترويج لها. يمكنك أيضا دعوة الأشخاص إلى الأحداث بمجرد إنشائها.

التعليقات: علامة التبويب هذه هي المكان الذي يمكن للعملاء من خلاله ترك تعليقات على نشاطك التجاري وخدمتك. على الرغم من أنه يمكنك إخفاء علامة تبويب المراجعة ، إلا أن هذه المراجعات تظهر في الجزء العلوي من صفحتك ، والمراجعات الجيدة هي مؤشر إثبات اجتماعي قوي.

الخدمات: يمكنك ملء هذا القسم لتقديم معلومات حول الخدمات التي يقدمها نشاطك التجاري. يتضمن ذلك معلومات التسعير.

التسوق: ضمن علامة التبويب "المتجر"، يمكنك المشاركة في التجارة الإلكترونية من خلال إدراج منتجاتك مباشرة. يمكن للعملاء الشراء مباشرة من الصفحة ويتم إرسال المبيعات مباشرة إلى حسابك المصرفي في غزوة سهلة في التجارة الإلكترونية.

العروض: يتيح لك هذا القسم نشر صفقات أو خصومات خاصة ويقدم طريقة رائعة للحصول على تفاعل على صفحتك حيث يتم تحفيز العملاء على عقد الصفقات عند ظهورها.

تأكد من ملء الأقسام التي تتناسب مع استراتيجيتك الرقمية - على سبيل المثال، إذا كان عملك يمكن أن يستفيد من تقديم التجارة الإلكترونية للعملاء، فستستفيد من صفحة "التسوق" على Facebook أكثر من صالون تصفيف الشعر على سبيل المثال. قم بتنمية صفحتك بشكل عضوي من خلال المحتوى والتفاعل مع العملاء قدر الإمكان.

تأتي فائدة Facebook، بخلاف القدرة على إنشاء مجتمع وإدارته، من إعلانات Facebook و Instagram. كلاهما أدوات قوية لدفع المحتوى إلى تدفئة المستخدمين (على سبيل المثال، الأشخاص في مجتمعك الجغرافي، أو أولئك الذين من المرجح أن يرغبوا في منتجاتك أو خدماتك) على نطاق واسع.[8] سنحذف مناقشة حول هذه الأدوات الآن لأنها ستظهر في الفصل 8.

---

[8] في الواقع، تروج 75٪ من العلامات التجارية لمنشوراتها على Facebook وفقا ل Brandwatch.

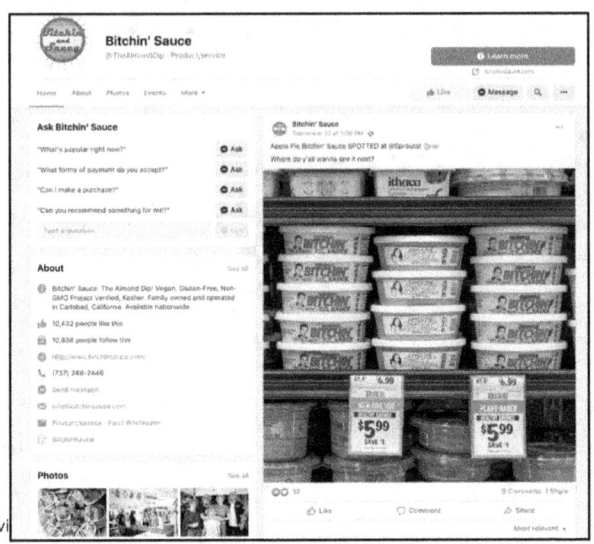

لاحظ كيف يتفاعل @TheAlmondDip مع جمهوره من خلال الأسئلة ، ويملأ ملفه الشخصي ، ويشارك المحتوى بانتظام.

بينتيريست

تقدم حسابات Pinterest التجارية تحليلات وخيارات إعلانات وأنواع محتوى مختلفة ووصولا مبكرا إلى الميزات الجديدة. لإنشاء حساب Pinterest للأعمال ، انتقل إلى business.pinterest.com. املأ الإعدادات الأساسية وقم بتأكيد موقع الويب الخاص بعملك. يتيح لك ذلك تتبع المحتوى الذي يثبته الأشخاص من موقع الويب الخاص بك والوصول إلى مزيد من التحليلات عبر الأنظمة الأساسية. أخيرا ، قم بتوصيل حساباتك الاجتماعية الأخرى بملف تعريف Pinterest ، مما يجعل مشاركة المحتوى عبر الأنظمة الأساسية أمرا سهلا ، وفكر في إنشاء بعض اللوحات الأولية (بالإضافة إلى دبابيس قابلة للشراء ، اعتمادا على عملك).

vii

viii

ix

يوتيوب

يتعلق YouTube أكثر بكثير بتصميم الفيديو المناسب مقابل تصميم الملف الشخصي. ومع ذلك ، فإن الأساسيات مهمة. عند إعداد قناة على YouTube للنشاط التجاري، سجل الدخول أولا إلى YouTube من خلال حساب Gmail المرتبط بنشاطك التجاري. ثم ، انقر فوق "قناتي" من خيارات القائمة المنسدلة أسفل الرمز في الزاوية اليمنى العليا من الشاشة. انقر على "استخدام اسم نشاط تجاري أو اسم آخر" في أسفل اليسار واتبع التعليمات لإنشاء حساب علامة تجارية.

بمجرد إعداد حساب العلامة التجارية، املأ الملف الشخصي من خلال رمز القناة، أي ما يعادل صورة الملف الشخصي، والعمل الفني للقناة (على سبيل المثال، صورة البانر).[9] بعد ذلك ، املأ وصف القناة - يوفر قسم "حول" هذا مساحة أكبر بكثير من الأنظمة الأساسية الأخرى ، لذا ضع في اعتبارك نسخ نص "حول" من موقع الويب الخاص بنشاطك التجاري أو التوسع في النص الحيوي المشتق من ملف شخصي آخر على النشاط التجاري. يمكنك أيضا إضافة العديد من الروابط في هذا القسم. تأكد من ربط موقع الويب الخاص بك والملف الشخصي لنشاط Google التجاري وجميع الروابط الأخرى التي تعتبرها ضرورية لنشاطك التجاري ومسار التحويل. لاحظ أنه يتم ربط الحسابات الاجتماعية بالشعار على الصفحة الرئيسية لقناتك لمزيد من الرؤية.

أخيرا ، لاحظ أن YouTube يوفر مساحة ل "مقطع دعائي للقناة" على الصفحة الرئيسية لقناتك. هذا هو الفيديو الذي يتم عرضه للمشاهدين الجدد على صفحتك. من الأفضل إعداد هذا المقطع الدعائي قبل نشر محتوى آخر لضمان تحقيق أقصى قدر من الإحالات الناجحة. حاول أن تجعل هذا الفيديو ممتعا. فكر في الأمر كانطباع أول. بهذه الطريقة ، بدلا من مقدمة بسيطة لموقع الويب أو

---

[9] يبلغ حجم أيقونات ولافتات القنوات على التوالي 800 × 800 و 1546 × 423 بكسل.

الخدمة أو الموقع الخاص بعملك ، ضع في اعتبارك إرشادات تفصيلية لموقعك الفعلي (إذا كان لديك واحد) ، أو مقابلة مع أعضاء الفريق ، أو مدونة فيديو ليوم الرئيس التنفيذي في الحياة ، أو شيء من هذا القبيل. إن المقطع الدعائي الجذاب للقناة ، حتى إذا كنت لا تنتج محتوى بانتظام على YouTube ، يقطع شوطا طويلا للترويج لصفحتك على YouTube كعقدة في حضورك الاجتماعي الأكبر.[10]

في الأمثلة أدناه، لاحظ استخدام رمز القناة والعمل الفني، والروابط الاجتماعية وروابط مواقع الويب في أسفل يسار بانر العمل الفني، والمقطع الدعائي للقناة الجذابة.

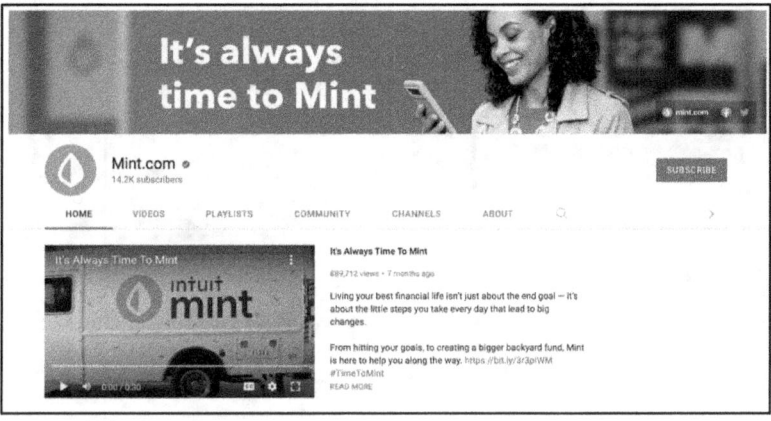

x

10 يمكنك أيضا إعداد قوائم التشغيل وأقسام القنوات المختلفة إذا بدأ نشاطك التجاري في إنشاء محتوى على YouTube أو عندما يبدأ ذلك.

NEW!
REIGNBOW
SHERBET
REIGN
TOTAL BODY FUEL
ZERO
SUGAR
ReignBodyFuel
17.7K subscribers
SUBSCRIBE
HOME
VIDEOS
PLAYLISTS
COMMUNITY
CHANNELS
ABOUT
Introducing: REIGNbow Sherbet - Newest ...
0:00 / 0:30
Introducing: REIGNbow Sherbet - Newest Flavor
1,442 views • 6 months ago
Orange, lime, and raspberry sherbet flavors classically swirled together--it's the sweet taste of rainbow sherbet packed in a can with zero guilt. Blended with 300mg of Natural Caffeine, BCAAs, CoQ10 & electrolytes, Reign Total Body Fuel is perfectly designed for your active lifestyle. ZERO sugar and ZERO artificial flavors & colors for those who rule in the gym and beyond. Reign has the fuel for you. Available in a convenient pack of 12, so ...
READ MORE

xi

MonsterInsights
The Best WordPress Analytics Plugin
MonsterInsights
2.65K subscribers
SUBSCRIBE
HOME
VIDEOS
PLAYLISTS
COMMUNITY
CHANNELS
ABOUT
Description
The most popular Google Analytics Plugin for WordPress - 3 million active sites and counting.
MonsterInsights make analytics easy for WordPress. See how visitors find and use your website, so you can keep them coming back. Simply put, get stats that matter.
https://www.monsterinsights.com/
Stats
Joined Apr 13, 2016
460,167 views
Details
Location: United States

xii

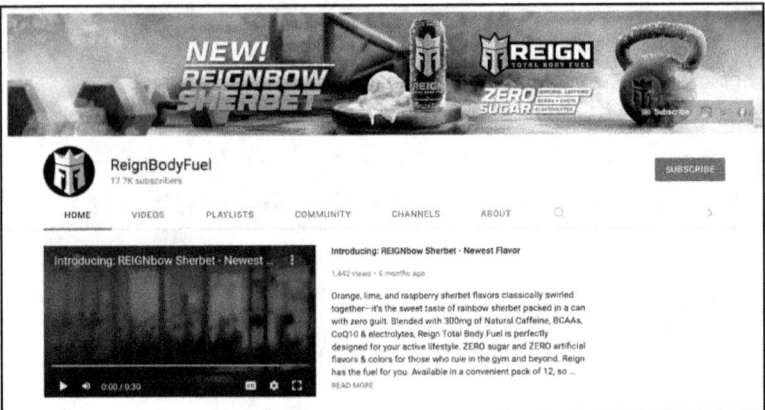

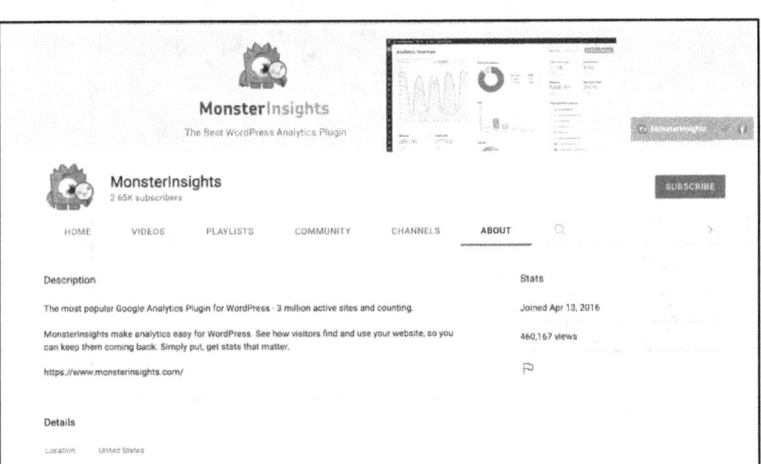

تيك توك

TikTok بسيط من حيث إعداد الملف الشخصي. ما عليك سوى اختيار اسم مستخدم وصورة ملف شخصي وفقا لأفضل ممارسات اسم المستخدم / صورة الملف الشخصي المعمول بها من الآن فصاعدا وكتابة سيرة ذاتية مكونة من 80 حرفا تقدم عملك. يجب أن يكون هذا قصيرا وسريعا - لا توجد مساحة حتى لواصف على غرار Instagram. قم بتضمين الرموز التعبيرية ولاحظ أن موضع الكلمة الرئيسية غير ذي صلة تماما. ضع في اعتبارك تضمين عبارة تحث المستخدم على اتخاذ إجراء في شكل رابط حيوي (موقع الويب أو صفحة المنتج / الخدمة أو الصفحة المقصودة المخصصة هي الأفضل) وسطر الوصف ، مثل "العرض أدناه" أو "Instagram". استخدم بعض الأسهم لأسفل كسطر أخير من النص الحيوي. أخيرا ، تأكد من تبديل الملف الشخصي من حساب شخصي إلى حساب أعمال TikTok. يسمح ذلك بالتحليلات وزر الاتصال بالبريد الإلكتروني وتنفيذ رابط موقع الويب.

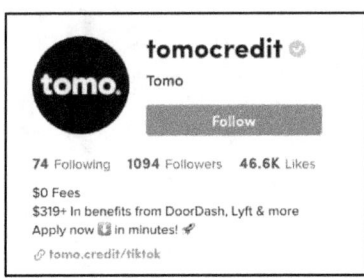

إن تأسيس وجود على تويتر هو بالمثل أضيق الحدود. ما عليك سوى اختيار اسم مستخدم وإدراج صورة الملف الشخصي ورسم الرأس والموقع والسيرة الذاتية وموقع الويب. الحفاظ على السيرة الذاتية قصيرة. الفكاهة المقحمة شائعة على المنصة (لاحظ الملف الشخصي الثاني أدناه).

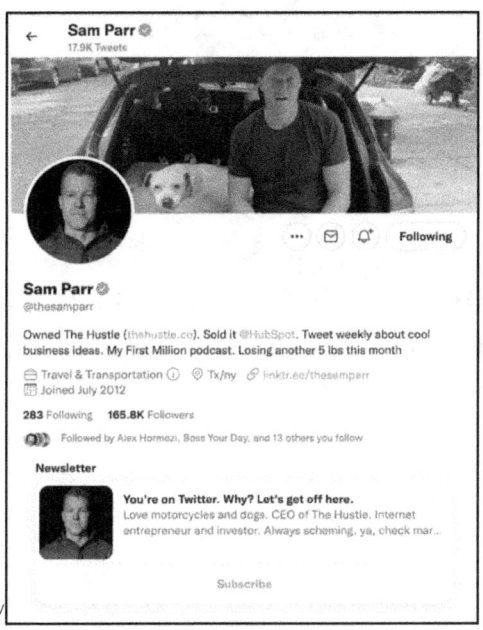

يكمل تويتر نظرتنا في إنشاء ملفات تعريف اجتماعية لعملك. عند الانتهاء من الخطوات السابقة ، يتمتع عملك بحضور اجتماعي ديناميكي يغطي جميع منصات الوسائط الرئيسية. سيبدأ عملك في الترتيب الاجتماعي عبر جميع محركات البحث والمنصات الاجتماعية التي تحافظ على وجودك عليها.

xiv

xv

هذا يقدم فوائد فطرية: رؤية أكبر تؤدي إلى المزيد من العملاء. ومع ذلك ، فإن إنشاء وجود اجتماعي ليس سوى الخطوة الأولى في استراتيجية رقمية ذكية - إنشاء محتوى اجتماعي والإعلان على وسائل التواصل الاجتماعي يكمل استراتيجية مصممة للسماح وتشجيع التوسع إلى ما هو أبعد من ذلك ممكن فقط من خلال الحفاظ على وجود اجتماعي. ستركز الأجزاء القليلة التالية من هذا الكتاب على هذه الضرورات: أولا على بناء الجمهور (أي ما يعادل مفهوم التسويق العضوي) ، ثم على التسويق الرقمي المدفوع ، وأخيرا على استراتيجيات التسويق الشعبية التي تستفيد من الشبكات الاجتماعية بطرق غير شائعة ، ولكنها فعالة بشكل ملحوظ.

بناء جمهور

يعد تأسيس وجودك الرقمي خطوة أولى مؤثرة في ضمان التعرض وكسب المزيد من العملاء. ومع ذلك ، لا يوجد سوى الكثير الذي يمكن أن تفعله ملفاتك الشخصية: لتنمية عملك بشكل كبير من خلال الوسائل الرقمية ، يمكن اتخاذ مسارين.

هذان المساران هما بناء الجمهور والإعلان ، والذي يمكن اعتباره أساسا "التسويق العضوي" مقابل "التسويق المدفوع". في حين أن كلاهما يتطلب وقتا وجهدا ، إلا أنهما يهاجمان مشكلة تنمية عملك عبر الإنترنت من زوايا مختلفة. يدور التسويق العضوي حول إنشاء محتوى رائع يتفاعل معه الأشخاص. إذا تمكنت من تحقيقه ، فهو استثمار منخفض وله نطاق لا حدود له عمليا.

الإعلانات المدفوعة أكثر استقرارا وتوفر عوائد قصيرة الأجل ، ولكنها نادرا ما توفر عوائد غير متماثلة أو غير متوقعة ، واعتمادا على الطريقة التي تختارها للقيام بذلك ، عادة ما تتطلب المزيد من الاستثمار.

في هذا القسم ، سندرس بناء الجمهور كمسار لتنمية نشاطك التجاري عبر الإنترنت. أنا شخصيا أؤمن بهذه الاستراتيجية أكثر من الإعلان - إنها مسعى إبداعي وممتع (إذا تم القيام به بشكل صحيح) ، وهو مسعى رأيته يغير اللعبة تماما للعديد من الشركات الصغيرة ، بما في ذلك العديد من الشركات الخاصة بي ، بطريقة منخفضة التكلفة.

يتم بناء جمهور عبر الإنترنت على تطبيقات الوسائط الاجتماعية. تعريفنا ل "وسائل التواصل الاجتماعي" ليبرالي - البريد الإلكتروني ، على سبيل المثال ، هو وسيلة اجتماعية ، وكذلك نص. بغض النظر عن التطبيق المحدد ، يتطلب بناء الجمهور إنشاء محتوى: من خلال طرح المحتوى الذي يستمتع به الأشخاص ويستهلكونه ويشاركونه في العالم ، يمكن لهذا المحتوى أن يدفع المستهلكين الذين لم يسمعوا أبدا عن عملك إلى منتجاتك وخدماتك. على مستوى عال ، ارجع إلى أنواع المحتوى الأربعة التي يمكنك إنشاؤها (الصفحة الخامسة عشرة) ، ويجب أن تتضمن استراتيجيتك الاجتماعية بعض أو كل هذه الأنواع.

من الأفضل بناء جمهور يتحول إلى إيرادات الحد الأدنى ومؤشرات الأداء الرئيسية الأخرى من خلال الأنظمة الأساسية التالية. يرجى العلم أنه يمكن مشاركة المحتوى عبر منصات متعددة—على سبيل المثال، يمكن مشاركة منشور مدونة واحد على موقعك على الويب وصفحتك على فيسبوك وحسابك على LinkedIn وقائمة البريد الإلكتروني، ثم مشاركتها كقصة على Instagram. سندخل في هذه العملية لاحقا:

- **موقع الويب:** يعد إنشاء قائمة بريد إلكتروني من خلال موقع الويب الخاص بك وإنشاء نوع من الرسائل الإخبارية أو المدونة أمرا ضروريا.
- **Instagram:** شرط أساسي لبناء الجمهور وإنشاء المحتوى.
- **Facebook:** وبالمثل ، مكان رائع للتواصل مع مجتمعك ومشاركة جميع أنواع المحتوى.
- **LinkedIn:** يمكن أن يكون LinkedIn مربحا للغاية ومنصة مناسبة لإعادة مشاركة المحتوى المكتوب من مدونة أو رسالة إخبارية.
- **TikTok:** لا ، ليس فقط للأطفال. TikTok قابل للتطوير بدرجة كبيرة وسهل نسبيا للحصول على متابعين من خلال مقاطع الفيديو القصيرة.

لذلك ، لدينا أنواع المحتوى التي يمكنك إنشاؤها لبناء جمهور ، والمنصات التي يمكنك نشرها عليها. قبل الانتقال إلى الاستراتيجيات والعمليات الدقيقة الضرورية لإنشاء المحتوى ، فكر مرة أخرى في الأنظمة الأساسية التي حددتها على أنها الأكثر قيمة لعملك. كان هذا نصف اللغز - يمكنك الآن ربط هذه المعلومات بأنواع المحتوى الأفضل لكل منصة.

لنفترض أن استراتيجيتك الاجتماعية حددت موقع الويب الخاص بك و Facebook و LinkedIn على أنها أهم الوسائط التي سيؤسس عليها عملك. أنواع المحتوى الأساسية الموضحة لهذه المجموعة من المنصات هي نص طويل

، مثل مدونة ، بالإضافة إلى بعض مقاطع الفيديو لتقديم عملك عبر موقع الويب وصفحة Facebook. في هذه الفرضية ، لديك الآن فكرة واضحة عن كيفية بناء جمهورك - من خلال إنشاء عدد قليل من مقاطع الفيديو عالية الجودة لنشرها عبر جميع الأنظمة الأساسية لتعريف العملاء بعلامتك التجارية وعروضك ، ثم عن طريق إنشاء محتوى مكتوب بانتظام لمشاركته في قائمة بريدك الإلكتروني وموقعك على الويب وملفك الشخصي على Facebook وملف تعريف LinkedIn.

هذه هي عملية التفكير التي يجب أن تمشي فيها لتكوين فكرة واضحة عن كيفية قيام عملك ببناء نفسه جمهورا وقاعدة عملاء عبر الإنترنت.

سنستكشف الآن أفضل الممارسات لإنشاء المحتوى وزيادة الجمهور على جميع المنصات الاجتماعية التي تم تحديدها حتى الآن. لا تتردد في القراءة فقط عن المنصات التي ستستخدمها بالفعل ، أو أي شيء يتجاوز ذلك حسب اهتمامك وللمساعدة في فهم مساحة بناء الجمهور الاجتماعي العامة.

& تحسين موقع الويب

سنبدأ بموضوع أكبر من بناء الجمهور. لن نستكشف فقط كيفية تنمية جمهور وتحويل هذا الجمهور إلى عملاء من خلال التسويق عبر البريد الإلكتروني والتدوين ، ولكن كيفية إعداد موقع ويب في المقام الأول ، بالإضافة إلى أفضل الممارسات لتطوير مواقع الويب وتحسين محركات البحث (تحسين محرك البحث ، والذي يشير إلى مدى تصنيف موقع الويب الخاص بك على متصفحات مثل Chrome).

على الرغم من أنك قد تختار الاستعانة بمصادر خارجية لتطوير مواقع الويب إذا لم يكن لديك موقع بالفعل ، إلا أن امتلاك بعض المعرفة الأساسية بأعمال موقع الويب الخاص بك يقطع شوطا طويلا.

يتكون إنشاء موقع ويب بدون رمز من المجال ومنشئ مواقع الويب وخطة الاستضافة. النطاق هو عنوان URL لموقعك على الويب، مثل mybusiness.com أو mybusiness.org. منشئ موقع الويب هو الإطار الذي يمكنك من خلاله تحرير موقع الويب الخاص بك ، مثل إعدادات الكمبيوتر. الاستضافة هي الخادم الذي يتم فيه تخزين بيانات موقع الويب.

لحسن الحظ ، فإن عملية إعداد استضافة النطاق وموقع الويب سهلة إلى حد ما في الوقت الحاضر ، فضلا عن أنها رخيصة.

ابدأ بالذهاب إلى GoDaddy في godaddy.com. هنا ، يمكنك البحث عن النطاق الذي تريده لموقع الويب الخاص بعملك. "Yourbusinessname.com" هو أفضل رهان. إذا كان اسما شائعا ، فقد تحتاج إلى اختيار co. أو org. أو شيء من هذا القبيل. بمجرد تحديد نطاق متاح ، تكون جاهزا لإعداد الاستضافة.

في تجربتي ، وورد هو أفضل "منشئ مواقع الويب" للشركات الصغيرة. يعمل ما يقرب من 70% من الإنترنت على WordPress ، ويسمح بالتحكم شبه الكامل في موقع الويب، بالإضافة إلى مجموعة واسعة من الوظائف الإضافية. يقدم منشئو مواقع الويب المشهورون الآخرون ، مثل Squarespace و Wix و Weebly ، مجموعة محدودة للغاية من الأدوات.[11]

لإعداد استضافة WordPress ، لديك بعض الخيارات - GoDaddy يبدأ خطط استضافة WordPress بسعر 6.99 دولارا شهريا (المجال غير مدرج) ، بينما BlueHost (bluehost.com) يقدم خطة استضافة WordPress مقابل 2.99 دولارا. GoDaddy لديه واجهة أبسط إلى حد ما ، ولكن بخلاف ذلك ، فإن الخدمتين متطابقتان تقريبا.

---

[11] في المقابل ، يقومون بتبسيط عملية إعداد موقع الويب. ومع ذلك ، يسمح WordPress بدمج أدوات السحب والإفلات السهلة أيضا (مثل Elementor). إذا كنت تبحث عن خيار فائق التبسيط ، فانتقل إلى Squarespace أو Wix أو Weebly ، فقط اعلم أنه ليس الخيار الأفضل بشكل عام على المدى الطويل.

أيا كانت الخدمة التي تقرر استخدامها ، تأكد من شراء النطاق من خلال هذا المزود. يمكنك تجميع نطاق ومجال وخطة استضافة على الروابط أدناه أو شرائها بشكل فردي (فقط تأكد من اختيار النطاق الصحيح عند إعداد خطة الاستضافة ، وليس شراء واحدة جديدة).

godaddy.com/en-in/hosting/WordPress-hosting

bluehost.com/WordPress

في كلتا الخدمتين ، تأكد من تمكين SSL (طبقة مآخذ التوصيل الآمنة) ، والتي تربط قفل الموقع الذي يمكن عرضه في كل مرة تزور فيها موقعا إلكترونيا تم التحقق منه (على سبيل المثال ، القفل في الصورة أدناه).

🔒 google.com

الآن بعد أن تم إعداد نطاقك وخطة الاستضافة ، يمكنك البدء في إنشاء موقع الويب الخاص بك في WordPress. سواء في GoDaddy أو Bluehost ، انتقل إلى قوائم المنتجات وانقر على "تحرير موقعي" أو بعض الأشكال المختلفة من هذا القبيل.

ستجد نفسك في لوحة معلومات WordPress ، والتي ستبدو على غرار هذا:

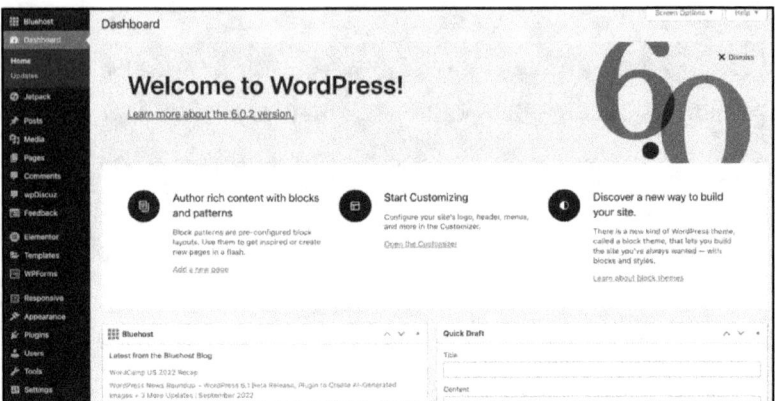

xvi

قد يكون الأمر مخيفا بعض الشيء للوهلة الأولى ، لذلك دعنا نقسم القائمة في الجزء الموجود في أقصى يسار الشاشة:

- **المنشورات** هي المكان الذي يمكنك فيه إنشاء المحتوى ونشره.
- **الوسائط** هي المكان الذي يتم فيه تحميل الصور ومقاطع الفيديو والمستندات إلى الموقع.
- **الصفحات** هي المكان الذي يمكنك فيه إدارة المحتوى (على سبيل المثال ، التخطيط والكلمات) لكل جزء (على سبيل المثال ، الصفحة الرئيسية ، حول الصفحة ، إلخ) من موقع الويب.
- **المظهر** هو المكان الذي يمكنك فيه تعيين سمة موقع الويب وإدارة الهيكل وتخصيص المظهر.
- **الإضافات** هي المكان الذي يمكنك فيه العثور على مكتبة كاملة من الوظائف الإضافية الجاهزة لإضافة وظائف إلى موقعك.
- يتيح لك المستخدمون إدارة الأشخاص الذين لديهم حسابات على موقعك ، بدءا من المسؤول إلى العملاء.

- **تتيح لك الإعدادات** إدارة بعض الجوانب العامة والعناصر الأسلوبية لموقعك.

موقع الويب الخاص بك غير منشور حاليا. لجعله جاهزا للنشر ، ابدأ باختيار مظهر مرئي لموقع الويب. انتقل إلى المظهر > السمات واختر موضوعا (من الأفضل أن تبدأ به بسيطا) تشعر أنه يمثل علامتك التجارية وعملك. يمكنك أيضا البحث في Google عن أفضل السمات لنوع عملك للعثور على بدائل غير موجودة في المتجر المدمج.

بعد ذلك ، انتقل إلى المظهر > تخصيص وتعيين هوية الموقع والإعدادات العامة والتذييل والشريط الجانبي والرأس حسب رغبتك. لإنشاء صفحات جديدة على موقع الويب أو تحرير جميع الصفحات أو حذف الصفحات المعاد تثبيتها ، انقر فوق الصفحات > إضافة صفحات جديدة أو صفحات > تحريرها أو صفحات > المهملات. لتغيير قائمة المستوى الأعلى ، وهو ما يظهر في رأس موقع الويب ، قم بزيارة المظهر > القوائم.

عندما تبدأ في ملء محتوى الصفحة، كما هو الحال في الصفحة الرئيسية وحول الصفحة، لاحظ "+" في الزاوية العلوية اليمنى من الصفحات التي تقوم بتحريرها. يتيح لك ذلك إدراج عناصر الصفحة، التي تسمى الكتل، في الصفحة. إذا لم تكن راضيا عن محرر صفحة WordPress المدمج ، ففكر في تثبيت المكون الإضافي Elementor ، والذي يوفر تحريرا أكثر تقدما بالسحب والإفلات.

بالإضافة إلى Elementor ، ضع في اعتبارك تثبيت بعض هذه المكونات الإضافية الأساسية (جميعها تحتوي على خطة مجانية):

Yoast SEO - **SEO Plugin** و Jetpack هما مكونان إضافيان شائعان يتيحان لك تحسين وتحسين محرك البحث لموقعك على الويب وإدارته بشكل أفضل.

MonsterInsights - Analytics Plugin و Google Analytics هما مكونان إضافيان شائعان يوفران تحليلات متقدمة.

المكون الإضافي للأمان - Akismet و Wordfence هما مكونان إضافيان شائعان يحميان من البريد العشوائي ويوفران جدران حماية (ضع في اعتبارك أيضا TrustedSite).

WPForms - إنشاء وإضافة نماذج تفاعلية إلى موقع الويب الخاص بك.

Updraft Plus - إنشاء نسخ احتياطية تلقائية لموقع الويب الخاص بك.

كتب مريم الدخيل لاكاديمية الثراء - قم بإنشاء متجر على الإنترنت لبيع المنتجات.

SmashBalloon - إضافة أدوات الوسائط الاجتماعية.

OptinMonster - احصل على المزيد من مشتركي البريد الإلكتروني.

HubSpot - عرض إدارة سمعة العملاء (CRM).

هناك عشرات الآلاف من المكونات الإضافية المتاحة ، لذا استشر مكتبة المكونات الإضافية كلما كنت تبحث عن إضافة وظائف إلى موقع الويب الخاص بك.

أنت الآن على دراية بجميع أساسيات WordPress - كيفية اختيار مجال ، وإعداد استضافة ، وإضافة سمة ، وتغيير مظهر موقع الويب ، وإضافة الصفحات وتحريرها ، وتغيير قائمة التنقل ، وتثبيت المكونات الإضافية.

عندما يتعلق الأمر بقرارات موقع الويب الأسلوبية والاستراتيجية ، ضع في اعتبارك أن موقع الويب الخاص بك يجب أن يعكس هوية علامتك التجارية بطريقة جذابة بصريا ومباشرة. لا تتجاوز الجزء العلوي مع المكونات الإضافية أو الصفحات وقصر عدد المكونات الإضافية على الأساسيات. تأكد من زيادة

تحسين محرك البحث (SEO) إلى أقصى حد من خلال المكون الإضافي لتحسين محركات البحث الذي قمت بتثبيته ، حيث سيضمن ذلك ترتيب موقع الويب بمرور الوقت (على الرغم من أن الأمر قد يستغرق بعض الوقت - لفهرسة موقع الويب الخاص بك يدويا على Google ، مما يجعل العملية تسير بشكل أسرع ، قم بزيارة search.google.com/search-console). بالإضافة إلى ذلك ، إذا كنت تخطط لبيع المنتجات من خلال موقع WordPress الخاص بك ، فاتبع عملية إعداد WooCommerce.

بمجرد تشغيل موقع الويب ، لاحظ أنه لتنمية المجتمع والتفاعل مع العملاء المحتملين ، فإن التدوين والتسويق عبر البريد الإلكتروني هما اسم اللعبة. يعد التسويق عبر البريد الإلكتروني ، على وجه الخصوص ، أمرا ضروريا لجميع الشركات ، في حين أن التدوين ذو قيمة من حيث أنه يوفر محتوى يزيد من الرؤية على البحث ويمكن مشاركته عبر منصات اجتماعية أخرى.

التسويق عبر البريد الإلكتروني

البريد الإلكتروني هو شكل منتشر على نطاق واسع من التواصل الاجتماعي مع ما يقرب من أربعة مليارات عنوان في جميع أنحاء العالم. قال 73٪ من المستهلكين الذين شملهم الاستطلاع إن البريد الإلكتروني هو قناتهم التسويقية المفضلة ، في حين أن عائد الاستثمار المتوسط للتسويق عبر البريد الإلكتروني هو 122٪.

التسويق عبر البريد الإلكتروني يستفيد من قوائم البريد الإلكتروني لبيع المنتجات أو الخدمات وتعزيز علاقات العملاء. يبدأ بالتقاط رسائل البريد الإلكتروني: أي معرفة كيفية جعل عملائك الحاليين والمحتملين يعطونك عناوين بريدهم الإلكتروني. يتم تحقيق ذلك بشكل شائع من خلال نماذج التقاط البريد الإلكتروني على الصفحات المقصودة والخروج - من المحتمل أنك واجهت هذا بنفسك عند تحديد مربعات "الاشتراك في نشرتنا الإخبارية" في صفحات الخروج ، أو عند إدخال بريدك الإلكتروني في موقع ويب لتلقي خصم أو مكافأة خاصة. بمجرد إنشاء مسار تحويل للحصول على رسائل البريد الإلكتروني ، ضع في اعتبارك استراتيجيات التسويق عبر البريد الإلكتروني الكلاسيكية هذه (سنستكشف كيفية أتمتة عمليات البريد الإلكتروني هذه بشكل أكبر):

- **تحية المشتركين والعملاء الجدد برسائل بريد إلكتروني ترحيبية** (وربما مكافأة). مباشرة بعد اشتراك العميل في قائمة البريد الإلكتروني لنشاطك التجاري ، أرسل إليه بريدا إلكترونيا يوضح بالتفصيل شكرا موجزا أو خلفية الشركة أو نقطة البيع أو المكافأة. اهدف إلى جعل هذا البريد الإلكتروني يبدو أنيقا ، حيث من المحتمل ألا يكون لدى المتلقي الكثير من التفاعل المسبق مع علامتك التجارية.
- **إرسال رسالة إخبارية بانتظام**. تعد الرسائل الإخبارية طريقة قوية لضمان بقاء العملاء على اتصال بعلامتك التجارية وعملك. يمكن أن تعرض الرسائل الإخبارية (التي يتم إرسال معظمها أسبوعيا) الأخبار

وقصص العملاء والفريق ومنشورات المدونات والمحتويات الاجتماعية الأخرى.

- **شارك التحديثات وعمليات الإطلاق والتحديثات المتعلقة بعملك.** تعد قائمة البريد الإلكتروني طريقة مثالية للحصول على أخبار حول الجوانب الجديدة لعملك إلى قاعدة عملائك. من المؤكد أن تضمين نوع من الخصم أو المكافأة للمشاهدين الأوائل سيزيد من المشاركة.

لحسن الحظ ، لا يتعين عليك القيام بعمل إرسال رسائل البريد الإلكتروني هذه بنفسك - بدلا من ذلك ، توجد مجموعة متنوعة من خدمات الأتمتة القوية لتسهيل التسويق عبر البريد الإلكتروني.

- **Mailchimp** والاتصال **المستمر** - الأفضل بشكل عام
- **بالتنقيط** - الأفضل لمتاجر التجارة الإلكترونية.
- **Hubspot** - أفضل أداة CRM
- **Sendinblue** - أفضل الأدوات لتنمية قاعدة العملاء.

ركز على الأتمتة عند استخدام هذه الخدمات. على سبيل المثال ، قم بإعداد سلسلة من خمس رسائل بريد إلكتروني ليتم إرسالها إلى جميع مشتركي البريد الإلكتروني الجدد على مدار خمسة أسابيع (بالإضافة إلى المحتوى العادي) ، أو رسالة شكر خاصة أو مكافأة لإرسالها إلى العملاء الذين وصلوا إلى مرحلة إنفاق معينة. إعداد أتمتة من هذا النوع ليس بالأمر الصعب: ما عليك سوى استكشاف البرامج التعليمية على منصة التسويق عبر البريد الإلكتروني التي تختار العمل معها.

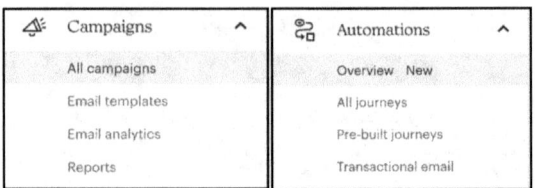
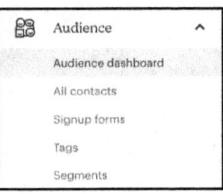

أدوات الأتمتة والحملة والجمهور من Mailchimp.com

تأكد من تخصيص جميع رسائل البريد الإلكتروني وعناوين اختبار A / B والمحتوى لتحسين معدلات الفتح بمرور الوقت والحفاظ على النص الأساسي موجزا.

دعنا ننتقل الآن إلى التدوين، مما يعمل على زيادة عمق التسويق عبر البريد الإلكتروني ومدى وصوله إذا تم تنفيذه بشكل صحيح.

المدونات

المدونة هي ببساطة موقع ويب يحتوي على معلومات مرتبة ترتيبا زمنيا ، وعادة ما تكون بتنسيق يشبه المقالة (نص طويل). حاليا ، يوجد ما يقرب من 600 مليون مدونة على الإنترنت ، في حين أن 81٪ من الشركات تعتبر مدوناتها مهمة (مثل HubSpot) ، في حين أن الشركات الصغيرَة التي تدون تحصل على نمو محتمل بنسبة 126٪ أكثر من الشركات الصغيرة التي لا تدون (وفقا ل ThinkCreative).

يعمل التدوين على ترتيب موقع الويب الخاص بك أعلى على Google ومحركات البحث الأخرى ، مما يعني أن المزيد من الأشخاص يكتشفون عملك. يتيح لك التدوين أيضا التواصل مع جمهورك الحالي ووضع علامتك التجارية كسلطة في مجالك.

يمكنك بسهولة إعداد مدونة على موقع WordPress الخاص بك عن طريق زيارة "صفحة المنشورات" الافتراضية ضمن قائمة "الصفحات". ستقوم هذه الصفحة بالفعل بتحميل قدم من مشاركات مدونتك ، والتي يمكنك إنشاؤها داخل WordPress من خلال "المشاركات" "إضافة جديدة". يمكنك تنزيل المكونات الإضافية مثل Elementor و SeedProd و Blog Designer لتخصيص مظهر صفحة مدونتك بشكل أكبر.

عند إنشاء منشورات المدونة ، ركز على محتوى من النوع التعليمي يوضح بالتفصيل موضوعا في مجال عملك. يجب أن تكون المشاركات ألف كلمة على الأقل ، على الرغم من أن الطول المثالي لتحسين محركات البحث (SEO) يتراوح بين 2,000 و 2,500 كلمة. بالإضافة إلى ذلك ، تأكد من زيادة المنشورات إلى أقصى حد من محسنات محركات البحث من خلال اختيارك لمكونات تحسين محركات البحث الموضحة سابقا.

يجب عليك نشر مقال على مدونتك مرة واحدة على الأقل في الأسبوع. يمكن الاستعانة بمصادر خارجية لهذا النوع من العمل بسهولة - سوف ندرس عملية

القيام بذلك طوال الفصل السابع. يمكن مشاركة منشورات المدونة في رسالة إخبارية (وبالتالي تعمل على زيادة مشاركة البريد الإلكتروني) وعبر الحسابات الاجتماعية على الأنظمة الأساسية الأخرى.

لاحظ بعض العلامات التجارية التي تستخدم المدونات بنجاح لتوسيع نطاق وصولها وزيادة مشاركة العملاء:

Marketing Library
Explore Topics
Marketing meets inspiration
Browse how-to articles on starting, running, and marketing your business, plus thought-provoking podcasts and films to inspire your inner entrepreneur.

xvii

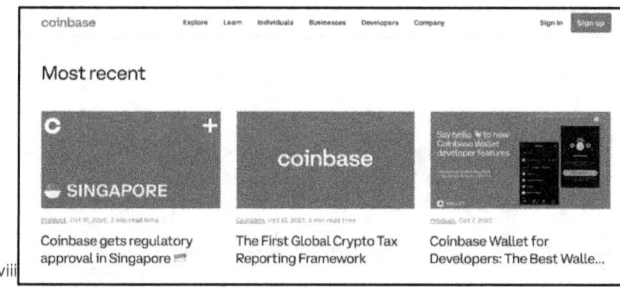

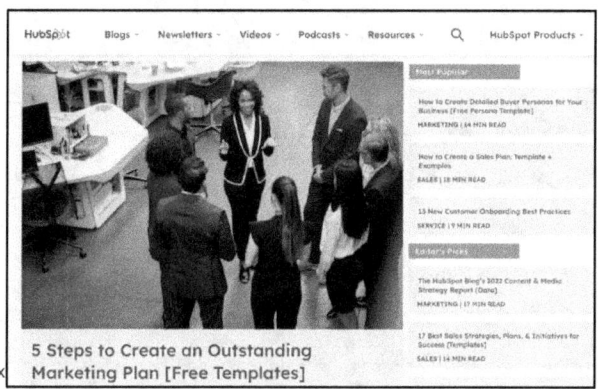

xviii
xix
نظرا لأن منشورات المدونة ستكون مقدمة لعلامتك التجارية وعملك للكثيرين ، تأكد من أن الرسائل متوافقة مع هوية العلامة التجارية الأكبر وعروض المنتجات.

تزايد على انستغرام

Instagram هو القديم للشبكات الاجتماعية. إنه الأكثر رسوخا في المجموعة بخلاف Facebook ويهيمن على التفضيل مقابل Facebook بين التركيبة السكانية الأصغر سنا. بينما قام Instagram بدمج ميزات جديدة في السنوات القليلة الماضية تستكشف الاتجاهات التي تمت تهيئتها بواسطة التطبيقات الشابة مثل TikTok (وأبرزها بكرات) ، لا تزال الوظيفة الرئيسية للتطبيق كوسيلة لمشاركة محتوى الصور.

نعم ، أصبح النمو على Instagram فقط من خلال مشاركة الصور أمرا صعبا للغاية على مر السنين حيث تضر تغييرات الخوارزمية بفرص أداء المحتوى العضوي بشكل جيد.

"بكرات" Instagram هي نسخة من TikTok مدمجة في Instagram والتي تقدم موجز فيديو قصير للمشاهدين. توفر البكرات أسهل طريقة للحصول على التعرض العضوي. يجب أيضا نشر أي مقاطع فيديو منشورة على TikTok على بكرات (وشورتات YouTube ، كما سنصل لاحقا) ، وقد وجدت أن الغالبية العظمى من النمو على حسابات Instagram الخاصة بي تأتي الآن من البكرات بدلا من الوصول العضوي على الصور.

عند زيادة جمهور وإنشاء محتوى لـ Instagram ، ضع في اعتبارك أولا التمايز. هناك الملايين والملايين من الحسابات على Instagram في كل مكان ، بما في ذلك حساب عملك. إذا كان موجودا ، فمن المحتمل أن يقوم شخص ما بنشره بالفعل على Instagram بشكل أو بآخر. الجانب الآخر من هذا هو أن التمايز جذاب - عندما يرى الناس أشياء جديدة أو فريدة من نوعها ، سوف يلتزمون بها. فكر في كيفية التمييز داخل مكانة عملك.

بالإضافة إلى ذلك ، استخدم ملفات تعريف الألوان للحفاظ على إحساس قياسي بالأسلوب عبر جميع الصور. هذا في حد ذاته يسمح بالتمايز.

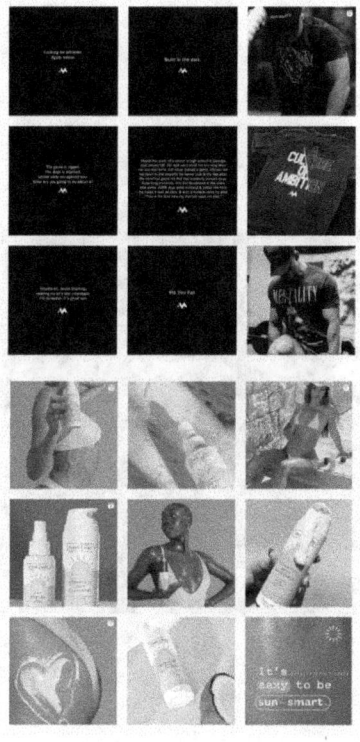

أولئك الذين يبحثون عن طريقة مشروعة وفعالة لتسريع نمو الجري والوصول إلى أشخاص حقيقيين ، أو حتى لإضافة القليل من التعزيز إلى حساب ومحتوى ، تعد إعلانات Instagram ونشر العروض الترويجية حلا رائعا. بالطبع ، يحتاجون إلى مبلغ من المال للبدء ، ولكن إذا كنت على استعداد لإنفاق هذا المبلغ ، فإن تنمية علامة تجارية شخصية أو تجارية بسرعة ليس بالأمر الصعب للغاية. ما عليك سوى توصيل حساب Facebook بحساب Instagram الخاص بك والترويج للمحتوى الموجود في ملفك الشخصي الذي تشعر أنه يمثل علامتك التجارية بشكل أفضل. حدد الميزانية والمدة وابدأ العرض الترويجي. ركز حملتك الإجمالية على عدد قليل من المشاركات عالية التحويل (والتي يمكنك تحديدها من خلال تحليلات المنشورات) إذا كنت تبحث فقط عن كسب متابعين ، بينما إذا كنت تريد زيادة عدد الإعجابات في جميع المجالات بالإضافة إلى المتابعين ، فقم بتقسيم

ميزانيتك الإجمالية عبر كل منشور جديد ، أو على الأقل عبر العديد من المشاركات. إذا كانت لديك الميزانية ، فإنني أوصي بدمج العروض الترويجية في استراتيجية النمو الخاصة بك في وقت مبكر - إنها طريقة رائعة للوصول إلى 10 آلاف متابع بسرعة ، على سبيل المثال ، ولكنها ليست رائعة بمجرد أن تصل إلى 100 ألف.

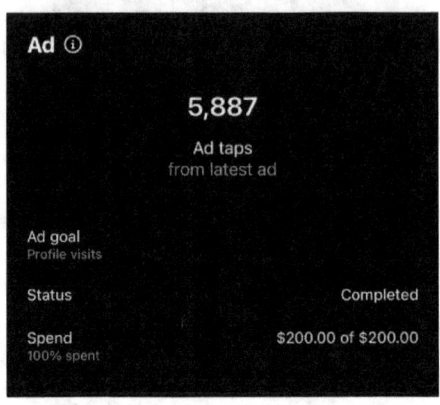

ولد هذا الترويج المنشور بقيمة 200 دولار ما يقرب من 6,000 زيارة للملف الشخصي.

إلى هذه الملاحظة ، يجب أن يطغى المحتوى العضوي على النمو المستمد من الإعلانات على المدى الطويل ما لم تكن الإعلانات مربحة بشكل غير عادي. الإعلانات من هذا النوع هي ببساطة إجراء تكميلي لدعم المحتوى العضوي والقفز من خلال بعض ثغرات البناء الخوارزمي والاجتماعي (من حيث عدد المتابعين).

بعد ذلك ، لاحظ أن أتمتة Instagram تتكون من برنامج يحب المنشورات تلقائيا ويشاهد مقاطع الفيديو والتعليقات ويتابع الحسابات الأخرى. الفكرة هي أن الشخص المتلقي لإعجاب أو عرض أو تعليق قد يقرر التحقق من الحساب ومتابعته. قد تحدث مثل هذه النتيجة مرة واحدة فقط من أصل 500 مشاركة ، ولكن إذا كان من الممكن تنفيذ هذه الإجراءات بواسطة روبوت 10000 مرة في اليوم ، يمكن أن تنمو حسابات المتابعين بسرعة (على الأقل في

البداية. تكلف خدمات الأتمتة مبلغا من المال ، يتراوح من 20 دولارا أو أقل شهريا إلى عدة مئات. ليس لها أي قيمة عمليا على المدى الطويل ، حيث أن النمو من المحتوى العضوي هو الملك دائما ، ولكن يمكن أن تكون مفيدة عند البدء من الصفر. بعض النصائح والحيل:

- أسهل طول فيديو للحصول على مشاهدات ، في تجربتي ، هو أقل من 20 ثانية. ما بعد 30s يصبح أكثر صعوبة ، على الرغم من أن هذا يعتمد على مكانتك.

- أول 3 ثوان مهمة (الطعم) وآخر 3 ثوان مهمة بنفس القدر أو أكثر (الخطاف). إذا كان لديك طعم رائع ، فسوف يشاهده الناس حتى الخطاف ، وإذا كان الخطاف رائعا ، فسوف يعيدون مشاهدته. تحتاج إلى كلا العنصرين للوصول إلى وقت مشاهدة بنسبة > 100٪ ، حيث يمكنك البدء في جذب المشاهدات الحقيقية.

- تعمل الطاقة العالية والجذابة بصريا بشكل أفضل ما لم يوفر نقص الطاقة العالية تأثيرا كوميديا.

- لا يهم التردد إذا كانت مقاطع الفيديو جيدة بما يكفي (الجودة تتفوق على الجميع ، مقطع فيديو فيروسي واحد أفضل من خمسين تخبطا) ، ولكن النشر مرة واحدة على الأقل يوميا مثالي لبدء حساب. مرة أخرى ، ومع ذلك ، إذا كانت مقاطع الفيديو جيدة بما فيه الكفاية ، فلن يكون هناك حد أدنى لحجم الصوت.

- يعد تبسيط خط أنابيب الإنتاج وأتمتته أمرا أساسيا. يعد إنشاء التحديات التي تتطلب منك النشر يوميا طريقة سهلة للقيام بذلك وإزالة الجهد الإبداعي من المعادلة.

- عندما يتعلق الأمر ببكرات Instagram ، يجب أن يكون النشر متسقا مع المستوى الأعلى في خوارزمية الجرافة. التوقف لبضعة أسابيع أسقطني من 50-100 ألف مشاهدة متوسطة إلى 10 آلاف بالكاد لعدة

أسابيع أخرى. بالإضافة إلى ذلك ، لاحظ أن نسب الإعجاب والتعليق لا تهم عندما يتعلق الأمر بالبكرات ، كما يتضح من مقاطع الفيديو هذه:

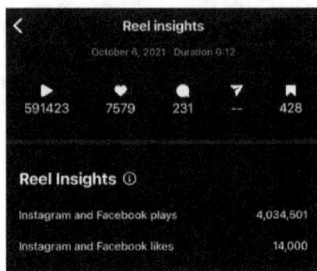 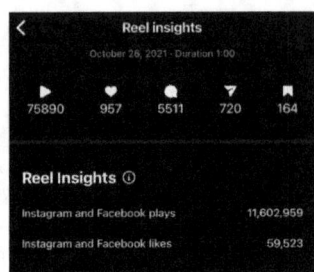

باختصار ، يقدم Instagram مجموعة واسعة من خيارات المحتوى القوية وجمهورا هائلا لدعمه. يمكن لكل شركة أن تجد منزلها على المنصة والاستفادة من الأدوات المتاحة في السعي
من مجتمع أقوى وخلاصة القول.

تزايد على TikTok

حتى على مستوى وسائل التواصل الاجتماعي ، فإن TikTok مجنون. وصل التطبيق الذي أطلقته ByteDance إلى 2.6 مليار عملية تثبيت في غضون 5 سنوات من إطلاقه ، ويرجع ذلك إلى حد كبير إلى اعتماده على المحتوى القصير ، والذي انتقلت المنصات الأخرى (أبرزها Instagram من خلال Reels و YouTube من خلال Shorts) بسرعة لنسخه. كان TikTok فريدا بسبب خوارزميته القائمة على الجرافة ، والتي "تختبر" المحتوى قبل الترويج له لجماهير أكبر. يخدم هذا الغرض من السماح لأي فيديو تقريبا بالانتشار بشكل عضوي ، على افتراض أن المشاركة جيدة بما يكفي من البداية. يتناقض هذا بشكل كبير مع خوارزميات تطبيقات مثل Instagram و YouTube ، والتي من المعروف أن البدء من الصفر أمر صعب.

الجانب السلبي لخوارزمية انتهازية للغاية ومنصة محتوى قصيرة هو أن المشاهدات أقل أهمية (على سبيل المثال ، 100 ألف مشاهدة على TikTok ليست ذات قيمة 100 ألف مشاهدة على YouTube) وترحيل متابعين إلى منصات أخرى أمر صعب للغاية (على سبيل المثال ، من بين 100 ألف متابع TikTok ، قد يتحول 1k فقط إلى متابعين على Instagram). لذلك ، في حين أنه قد يكون من الأسهل بكثير الوصول إلى عشرة آلاف متابع من الصفر على TikTok ، فإن هؤلاء العشرة آلاف متابع لا يقصدون الكثير من حيث المعجبين الحقيقيين ووسائل تحقيق الدخل مثل عشرة آلاف متابع على Instagram أو YouTube أو Facebook.

تجربتي الخاصة تجسد هذه الأفكار. حصل أول مقطع فيديو نشرته على TikTok على مشاهدات أكثر من العامين السابقين اللذين قضيتهما على Instagram و YouTube مجتمعين. لقد تمكنت من 6x حجم وسائل التواصل الاجتماعي الشخصية الخاصة بي بشكل عام في عام واحد على TikTok ، ومع ذلك كانت المكافآت كئيبة خارج المنصة: بالكاد أي كروس أوفر ولا أموال مكتسبة

على الإطلاق مقابل 40 + مليون مشاهدة مباشرة على ثلاثة حسابات ، بالإضافة إلى ضعف ذلك في إعادة النشر. مع وضع ذلك في الاعتبار ، يعد TikTok رائعا كأداة إثبات اجتماعي وأفضل مسار ، بينما تمثل إعلانات TikTok فرصة مباشرة داخل النظام الأساسي لتنمية الأعمال التجارية الصغيرة.

بعد سنوات من النمو البطيء ، تمكنت من توسيع عدد مرات الظهور والمشاهدة بسرعة من خلال TikTok.

سأنقل تنسيق الفيديو الذي استخدمته لتسريع النمو ، بالإضافة إلى أفضل الممارسات العامة لتنمية الأعمال التجارية من خلال TikTok.

يبدأ النجاح على TikTok بالنهج. يدور TikTok حول توفير القيمة - فأنت تتنافس على وقت المشاهدين ، وتجذب مقاطع الفيديو والحسابات المرتبطة بها التي توفر باستمرار أكبر قيمة معظم الوقت من المشاهدين ، مما يؤدي إلى الترويج لمقاطع الفيديو هذه إلى جمهور أوسع ، وبالتالي تشجيع الدورات الفيروسية الشبيهة بكرة الثلج لمنشئي المحتوى. ضمن مكانة عملك ، فإن ضمان النجاح على المدى الطويل هو مسألة تحديد القيمة التي توفرها مقاطع الفيديو الخاصة بك والقيمة التي يريدها جمهورك ، وتحسين مقاطع الفيديو المستقبلية بناء على هذه الأفكار ، والتكرار. إذا حدث شيء ما ، اركض معه وقم بالبناء عليه. إذا لم يحدث ذلك ، فقم بتدوين الملاحظات. تعتمد خوارزمية TikTok على الجرافة. تمنح الخوارزميات المستندة إلى الحاوية الجميع الفرصة للانتشار الفيروسي ، بدلا من إسناد الوصول

إلى حد كبير على حجم الجمهور. تعمل خوارزمية الجرافة على النحو التالي ، على الرغم من أنها على مستوى أكثر تجريدا (على سبيل المثال ، لا يتم فصل "الحاويات" حرفيا بترتيب من حيث الحجم):

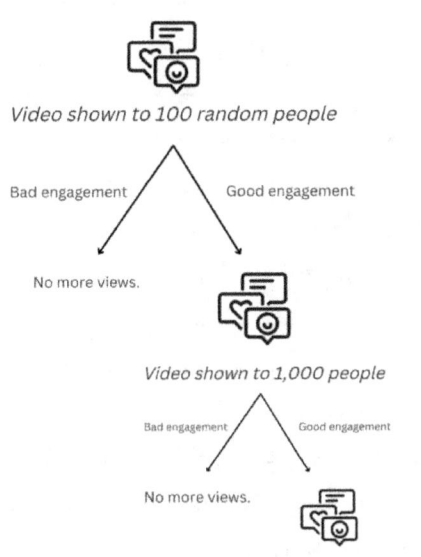

يتم عرض كل فيديو لعدد معين من الأشخاص. اعتمادا على كيفية تفاعل هؤلاء الأشخاص مع الفيديو المحدد ، قد يتقدم أو لا يتقدم إلى المجموعة التالية ، حيث يتم عرض الفيديو لعدد أكبر بكثير من الأشخاص.[12] ناقص الحالة الفردية ، يتقدم هذا حتى يصل الفيديو إلى الحد الأقصى لعدد المشاهدات داخل مجموعته ، وعند هذه النقطة يتم إيقاف تشغيله. قد تستغرق بعض مقاطع الفيديو أياما لبدء اكتساب الزخم ، وقد يتأخر البعض الآخر في يوم أو يومين ، مقابل أسابيع كما في حالة الفيديو الفيروسي. مع نمو جمهورك بشكل أكبر ونشر المزيد من مقاطع الفيديو ، يرتفع

---

[12] كم من الوقت يشاهدونه ، وكم يحبونه ويشاركونه ويعلقون عليه.

مستوى حسابك في الخوارزمية ، وتضمن مقاطع الفيديو الخاصة بك الوقوع في مجموعة أعلى. هذا هو السبب في أن كبار منشئي المحتوى يحصلون على ملايين المشاهدات بغض النظر عما ينشرونه: بمعنى ما ، يمكنهم تخطي عملية التقدير.13 عند نشر مقاطع الفيديو ، ستلاحظ أنها ستحصل غالبا على عدد كبير من المشاهدات بسرعة ، ثم تتوقف عن الكسب ، ثم تبدأ مرة أخرى في تاريخ آخر. في بعض الأحيان ، تكون الفترة الفاصلة بين فترات النمو المرتفع دقائق أو ساعات فقط ، بينما في بعض الأحيان يمكن أن يكون هذا الاختلاف أياما أو حتى أسابيع في الطول. مع زيادة حجم الدلاء ، يتوسع الوقت المستغرق لملء الحاوية ، مما يعني أن مقطع الفيديو الذي تم جمعه من بضع مئات إلى بضعة آلاف من المشاهدات قد يصل إلى ذلك في غضون ساعات قليلة ، في حين أن مقطع فيديو ينتقل من نصف مليون إلى خمسة ملايين مشاهدة قد يمتد هذا النمو بشكل متساو على مدار أيام أو أسابيع. إذن ، ماذا يعني هذا لحساب TikTok واستراتيجيتك؟

أولا ، لاحظ أن جذب المزيد من المشاهدات يصبح أسهل كلما كبرت لأن خوارزمية TikTok تضمن إلى حد كبير جميع مقاطع الفيديو على الحساب مكانا معينا في النظام القائم على الطبقة. هذه ليست قاعدة صارمة ولا ينبغي التركيز عليها. بدلا من ذلك ، استمر في محاولة إنشاء أفضل مقاطع الفيديو الممكنة ، وفي النهاية امزج خبز وزبدة الحساب في مقاطع فيديو سيظل الجمهور يتفاعل معها (نظرا لأنك ، في مثل هذه المرحلة ، طورت علامة تجارية إلى الحد الذي سيشاهده الأشخاص بغض النظر) ولكنها تتطلب جهدا أقل بكثير من محركات النمو الرئيسية. ومع ذلك ، كما يقول المثل ، حافظ على الشيء الرئيسي هو الشيء الرئيسي ، وتذكر أن إنتاج مقاطع فيديو رائعة في البداية ، والكثير منها ، ضروري لضمان ارتفاع سريع في خوارزمية الجرافة.

الطريقة الثانية التي تؤثر بها هذه المفاهيم على حساب TikTok واستراتيجية الفيديو الخاصة بك هي أن التحسن الطفيف في تحليلات الفيديو ، في المقام الأول متوسط وقت المشاهدة ونسبة مشاهدة الفيديو الكامل ، يؤدي إلى نتائج

---

13 وهم محقون في ذلك ، لأنهم أثبتوا أنفسهم في الماضي من الناحية الخوارزمية

هائلة ، والعكس صحيح. هذا ليس مجرد بلاغة ، أو بعض المعايير الأخلاقية - التحسين مهم ، ولتوضيح هذه النقطة ، هناك تحليلات من مقطعي فيديو حقيقيين على حسابي:

476 ألف مشاهدة
10.5 AWT/11s (متوسط وقت المشاهدة)
54.5% WFV (شاهد الفيديو كاملا)

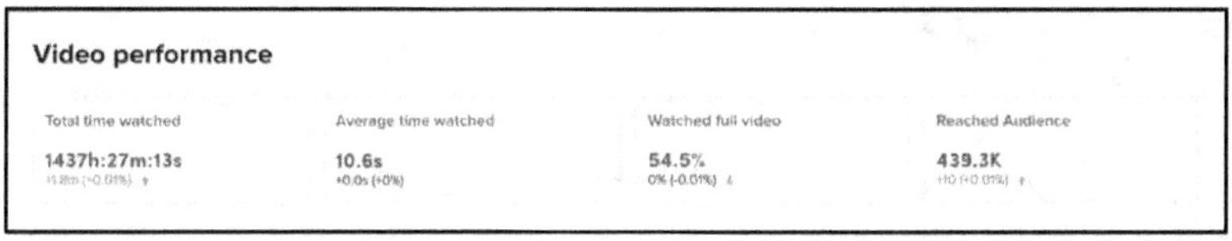

Video performance

Total time watched	Average time watched	Watched full video	Reached Audience
1437h:27m:13s	10.6s	54.5%	439.3K

5.2 مليون مشاهدة
11.9 / 11 ثانية AWT
56.3% WFV

Video performance

Total time watched	Average time watched	Watched full video	Reached Audience
17353h:18m:25s	11.9s	56.3%	4.6M

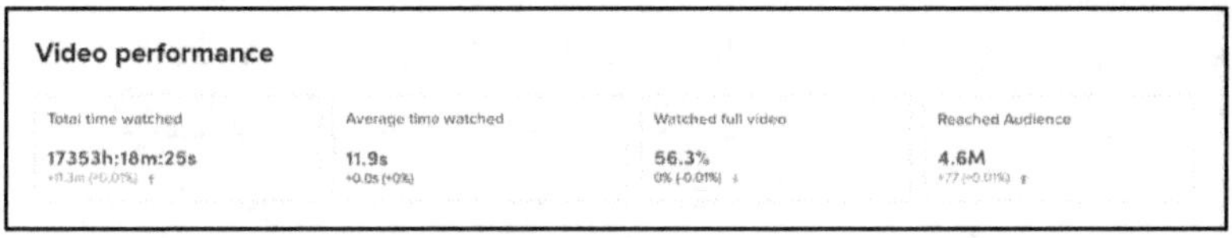

حصل الفيديو الثاني على 10 أضعاف التعرض من فرق 5-10% في المشاركة. مثل هذه المواقف موجودة في كل مكان - بينما بمرور الوقت ، من المحتمل أن تصل جميع مقاطع الفيديو على الحساب إلى حد أدنى معين من المشاهدات ، فإن تحقيق النجاح بما يتجاوز هذا المعيار والانتشار على أساس منتظم هو كل شيء عن المحصلة النهائية: تحسينات صغيرة ، مركبة ، تسفر عن نتائج هائلة.

يجب أن تكون الوجبات السريعة هنا هي أن السعي الواعي للتحسين والتكرار ضروري لضمان النمو ، وبمجرد العثور على تنسيق فيروسي ، يجب عصره بكل قيمته. حقا ، جوهر المسألة ، والمفهوم الأساسي فيما يتعلق بما سبق ، هو القيمة وقدرة الفرد على تكييف المحتوى لتلبية رغبات الجمهور بمرور الوقت.

يعود النجاح على TikTok ، وكذلك على جميع منصات المحتوى الاجتماعي ، إلى السؤال عن سبب مشاهدة شخص ما لمقطع فيديو. أنا أرى أنه يأتي إلى قاعدة E&E: الترفيه مقابل التعليم. يوجد كل محتوى الوسائط على طيفين ، أحدهما ذو قيمة ترفيهية والآخر ذو قيمة تعليمية. إن تحديد القيمة التي توفرها مقاطع الفيديو الخاصة بك هو تحديد مكان وجود مقطع فيديو ومكانة على طيف E&E ثم طرح هذا السؤال: هل يوفر ما يكفي من E&E بالنسبة إلى أفضل محتوى في العالم في مجال تخصصك ، أو بالنسبة إلى منافسيك في مجال عملك؟ إذا لم يكن الأمر كذلك - إذا كانت مقاطع الفيديو الخاصة بك لا توفر الكثير أو أكثر من التعليم أو الترفيه أو مزيج من الاثنين ، فمن غير المحتمل أن يكون أفضل مقاطع الفيديو في العالم في مكانتك ونجاحك الشامل والمذهل.

لحسن الحظ ، هناك طريقة للتغلب على هذا - لقد ذكرت بشكل أساسي أن النجاح على وسائل التواصل الاجتماعي صعب للغاية إذا لم تكن الأفضل في شيء ما. بدلا من ذلك ، يمكنك ببساطة إنشاء مكانتك الخاصة - وبهذه الطريقة ، فإن توفير أكبر قيمة ترفيهية أو أكثر قيمة تعليمية في العالم في هذا المجال أسهل بكثير ، لأنك حرفيا الشخص الوحيد الذي يفعل ذلك بهذه الطريقة. في الأساس ، أنت تخفض الشريط ، وتخلط في قيمة المفاجأة. لذلك ، في حين أن النجاح أصبح ممكنا بالتأكيد من خلال التغلب على المنافسة ، فإن النجاح المستدام يتحقق بسهولة أكبر من خلال إنشاء محتوى لا منافس له.

خذ المكانة التي بنيت فيها علامتي التجارية الشخصية وعملي - هناك الملايين من منشئي اللياقة البدنية على وسائل التواصل الاجتماعي ، وكان معظمهم أكثر دراية أو أقوى أو أفضل مظهرا أو أفضل في إنتاج الفيديو مما كنت عليه. بدلا من محاولة التنافس ضدهم ، اخترت ببساطة القيام بشيء في مجال اللياقة البدنية لم يكن أي شخص آخر يفعله بالطريقة التي كنت أفعلها. كان هذا الشيء عبارة عن تحديات للياقة البدنية - اتضح أنه في المرة الأولى التي قمت فيها بالتحدي ، حصلت على عدة ملايين من المشاهدات وعشرات الآلاف من المتابعين في شهر واحد فقط. من خلال إنشاء مكانة جديدة بدلا من التنافس في مكانة قديمة ، أصبحت

فريدا على الفور ، وقدمت قيمة صادمة ، وتغلبت على الأشخاص الذين كانوا ، على الورق ، منتجين متفوقين لوسائل التواصل الاجتماعي بالنسبة لي بكل الطرق.
بعد كل ما قيل ، أود الدخول في بعض أفضل الممارسات المحددة التي تعلمتها خلال السنوات القليلة الماضية على TikTok:

- مثل النسب غير ذات صلة إلى حد كبير.
- نسب المشاركة والتعليقات غير ذات صلة إلى حد كبير.
- غالبا ما تكون علامات التصنيف غير ذات صلة ، وأكثر من ذلك إذا كان لديك جمهور. لاحظ أن TikTok يقوم عمليا بعمل علامات تصنيف نيابة عنك بمجرد اكتشاف جمهورك ، لذا فإن علامات التصنيف ليست ضرورية حقا. ما عليك سوى استخدام 2-3 لكل مقطع فيديو عندما تبدأ ، وتفطمها بمجرد أن يكون لديك ما لا يقل عن 10 آلاف متابع ، ومكانة راسخة ، وعدد مشاهدات قوي.

دراسة حالة من صفحة Instagram تجارية خاصة بي بدون جمهور محدد مسبقا (800 متابع أو نحو ذلك):

11.5 مليون مشاهدة، 59.3 ألف إعجاب.
4.0 مليون مشاهدة، 235 تعليق.

كانت نسب الإعجاب والتعليق على هذا الفيديو ضعيفة بشكل لا يصدق - ومع ذلك ، استنادا إلى وقت المشاهدة فقط ، تمكنت مقاطع الفيديو من الأداء الجيد. سأقولها مرة أخرى: وقت المشاهدة هو المقياس النهائي لتحديد الأولويات. بعد ذلك ، لاحظ مقاييس TikTok العامة التي تهدف إلى:

- شاهد الفيديو الكامل (WFV): - 50٪ بشكل عام ، 60-70٪ إذا كان أقصر.
- متوسط وقت المشاهدة (AWT): - >100٪ إذا كان أقل من 15 ثانية ، >125٪ إذا كان أقل من 10 ثوان. الحد الأدنى - 75٪

هذه الأرقام ، في تجربتي ، تؤدي في نطاق من بضع مئات الآلاف من المشاهدات حتى بضعة ملايين من المشاهدات ، على النحو التالي:

المدة: 6 ثوان

Video performance

Total time watched	Average time watched	Watched full video	Reached Audience
2311h:53m:31s +1.2m (+0.01%)	9.0s +0.0s (+0%)	69% 0% (-0.01%)	842.6K +7 (+0.01%)

المدة: 9 ثوان

Video performance

Total time watched	Average time watched	Watched full video	Reached Audience
12178h:41m:0s +1.8m (+0.01%)	12.1s +0.0s (+0%)	69.5% 0% (-0.01%)	3.3M +10 (+0.01%)

المدة: 17 ثانية

Video performance

Total time watched	Average time watched	Watched full video	Reached Audience
18583h:12m:12s +27.8m (+0.01%)	16.0s +0.0s (+0%)	59.3% 0% (-0.01%)	3.9M +170 (+0.01%)

تزايد على الفيسبوك

باعتبارها منصة التواصل الاجتماعي المثالية التي تحظى بشعبية بين التركيبة السكانية القديمة ، ناهيك عن تلك التي تركز على المجتمع ، فإن تطوير وجود على Facebook أمر لا بد منه للوصول ليس فقط إلى العملاء في مجتمعك ولكن إلى أكبر عدد ممكن من مستخدمي Facebook البالغ عددهم 2.9 مليار مستخدم.

وفقا لقسم التواجد الاجتماعي ، يجب أن يكون لديك حاليا ملف تعريف أعمال مملوء على Facebook.

بالإضافة إلى الملف الشخصي المحسن ، يتلخص بناء جمهور على Facebook في إنشاء المحتوى ومشاركته والتفاعل مع جمهورك وتشغيل الإعلانات. الإعلانات ليست شرطا في تنمية الصفحة ، لكن Facebook كان ينقل خوارزمياته بعيدا عن الترويج للمحتوى العضوي في السنوات الأخيرة ، حيث يبلغ متوسط الوصول العضوي لمنشور Facebook الآن حوالي 5٪ من إجمالي الإعجابات بالصفحة (مما يعني أن عددا قليلا جدا من المتابعين يرون المحتوى الذي تنشره).

مباشرة عند بدء صفحتك ، استفد من مجتمعك الحالي واتصالاتك لبناء جمهور أولي. على سبيل المثال ، إذا كان لديك موقع فعلي ، فاطلب من العملاء المنتظمين متابعتك على Facebook ، أو اطلب نفس الشيء من الأصدقاء. يمكن لدائرة البداية من العملاء والأصدقاء المتفاعلين أن تقطع شوطا طويلا من حيث الوصول العضوي.

بعد ذلك ، ركز على إنشاء خط أنابيب محتوى قوي. يجب عليك النشر مرة واحدة على الأقل يوميا (تهدف إلى ذلك ، ولكن تذكر أن الجودة تفوز على الكمية) وبحد أقصى مرتين في اليوم. بشكل عام ، يجب أن يكون المحتوى مزيجا من تحديثات الأعمال ، والنصائح والاقتراحات ذات الصلة ، وملفات تعريف الشريك أو العميل أو المجتمع ، والاهتمامات ، والمحتوى المعاد مشاركته ، وأي شيء آخر ذي صلة بالعمل أو الجمهور المستهدف (من الناحية المثالية ، يكون ذا

صلة بالعمل وإشراك الجمهور المستهدف). يجب أن يكون هذا المحتوى مزيجا من الصور ومقاطع الفيديو والنصوص - عادة ما تكون منشورات الوسائط المتعددة ، مثل مقالة تحتوي على صورة رأس وفيديو تفصيلي ، أفضل أداء مقابل أي نوع وسائط واحد. اتبع أفضل الممارسات لإنشاء المحتوى ، مثل العناوين القوية والمرئيات الجذابة وعلامات التصنيف المستهدفة (لا تزيد عن ثلاثة). استخدم التحليلات بمرور الوقت لضبط الأوقات التي يجب أن تنشر فيها لزيادة المشاركة إلى أقصى حد.

سنستكشف التسويق المؤثر بشكل أكبر - ضع ذلك في الاعتبار كأداة قيمة للغاية عندما يتعلق الأمر ببناء جمهور على Facebook بالإضافة إلى كل منصة اجتماعية أخرى.

إذا كنت تمثل نشاطا تجاريا له موقع فعلي، فركز على إنشاء محتوى متدرج حول مجتمعك المحلي. انضم إلى مجموعات المجتمع وأنشأها للتفاعل مع العملاء حول موضوع معين (على سبيل المثال، يمكن إنشاء مجموعة لكل موقع فعلي أو حدث سنوي أو قطاع أعمال). تعد استضافة الأحداث المحلية والإعلان عن صفحتك على Facebook طريقة رائعة لبناء جمهور محلي ، بالإضافة إلى الإعلان المباشر إلى مجتمعك المحلي من خلال إعلانات Facebook.

إذا لم يكن لنشاطك التجاري موقع فعلي مخصص أو يعمل عبر الإنترنت فقط ، فاتبع هذه الروح نفسها - قم بإنشاء مجموعات والانضمام إليها للتفاعل مع جمهورك المستهدف ، ومتابعتها بمحتوى منتظم يجذب الجمهور المستهدف.

بالنسبة لأي نوع من أنواع الأعمال ، تأكد من استخدام ميزة نشر الرابط ، بينما يمكنك لصق عنوان URL في مربع إنشاء منشور وسيشارك Facebook معاينة للرابط. استخدم أيضا قصص Facebook ، تماما كما تفعل مع قصص Instagram ، كوسيلة للتفاعل بانتظام مع متابعيك دون الحاجة إلى مشاركة منشور عالي الجهد. قم بتثبيت المنشورات الأفضل أداء أو ذات الصلة العالية بانتظام في الجزء العلوي من صفحتك على Facebook وشجع الموظفين أو الأصدقاء على إعادة مشاركة المحتوى.

تأكد من التفاعل مع جمهورك عبر المحتوى الخاص بك وكذلك المحتوى الخاص بهم ، وقدم بانتظام فرصا للتفاعل مع علامتك التجارية ، وتقديم التعليقات والاقتراحات ، والحصول على خصومات أو مكافآت أو إشادة.

لنلق نظرة على بعض الأنشطة التجارية الصغيرة التي تعمل على زيادة جمهور وقاعدة عملاء على فيسبوك:

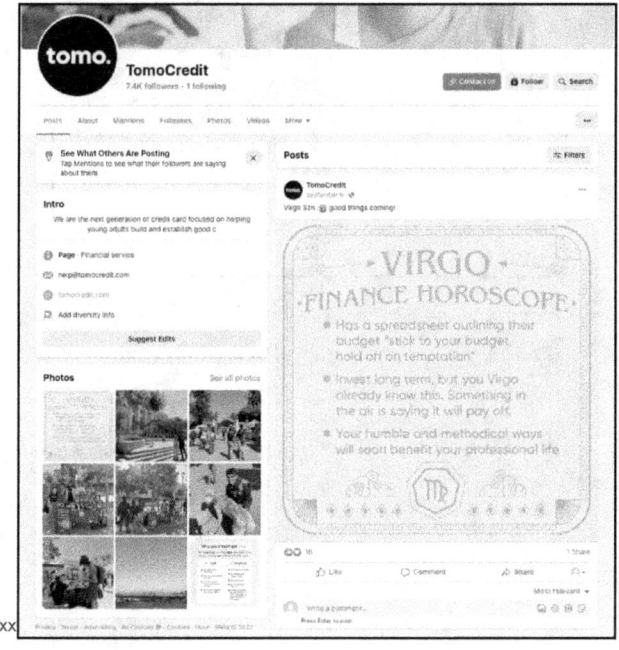

xx

لاحظ المحتوى الجذاب والعديد من الصور المشتركة.

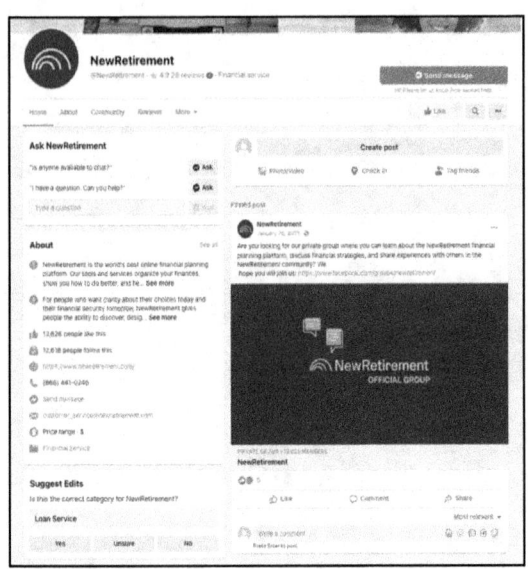

لاحظ كيف يتيح @NewRetirement للمستخدمين طرح الأسئلة مباشرة عبر Messager وتثبيت منشور ذي صلة للحث على اتخاذ إجراء.

تزايد على يوتيوب

يختلف YouTube عن الأنظمة الأساسية التي تم استكشافها مسبقا من حيث أنه يركز فقط على وسيط مختلف: الفيديو الطويل. الفيديو هو وحش مختلف يجب معالجته عن أشكال المحتوى الأخرى لأنه ببساطة لا توجد طريقة للالتفاف على عمله. في نهاية اليوم ، لا يمكن لأحد تزييف مقطع فيديو جيد عن عملك. لا يمكن قول الشيء نفسه عن التغريدات أو المقالات أو تصميم مواقع الويب.

لذا ، فإن YouTube صعب لهذه الأسباب ، لكن الغنائم هائلة - يستخدم 2 مليار شخص فريد موقع الويب كل شهر (في المرتبة الثانية بعد Google.com) ، و 80٪ من المسوقين في الولايات المتحدة واثقون من تحويل مقاطع فيديو YouTube بشكل جيد ، ويقول 70٪ من مشاهدي YouTube إنهم اشتروا منتجا بعد التعرف عليه في إعلان YouTube. هذا فقط للمنتجات التي يتم شراؤها من خلال الإعلانات - بالنسبة إلى الأنشطة التجارية ومنشئي المحتوى الذين لديهم قنوات ناجحة على YouTube ، يتحول المعجبون المتفاعلون بسرعة إلى عملاء مخلصين وعلى المدى الطويل. في الواقع ، يحتفظ الأشخاص بنسبة 95٪ من الرسالة المستهلكة عبر الفيديو مقابل 10٪ عند قراءتها في النص ، وتترجم هذه الظاهرة مباشرة إلى الاحتفاظ بالعلامة التجارية وتأثيرها.

لذلك ، في حين أنه من الصعب في البداية على الشركات إنشاء متابعين على YouTube مقارنة بمعظم المنصات الاجتماعية الأخرى ، فإن غنائم النجاح على أساس كل متابع تفوق المنصات الأخرى.

تضع معظم الأنشطة التجارية التي تنشئ محتوى على YouTube نفسها كسلطات في مساحاتها من خلال إنشاء محتوى تعليمي. ينشر الكثيرون أيضا مقاطع فيديو توضح بالتفصيل كيفية استخدام منصتهم ، ومقابلات مع المؤسسين وأعضاء الفريق ، وأخبار الصناعة ، وتغطية الأحداث.

لاحظ هذه الأنشطة التجارية ، وكلها تنشئ محتوى يجذب المشاهدين نحو منتجاتها وخدماتها:

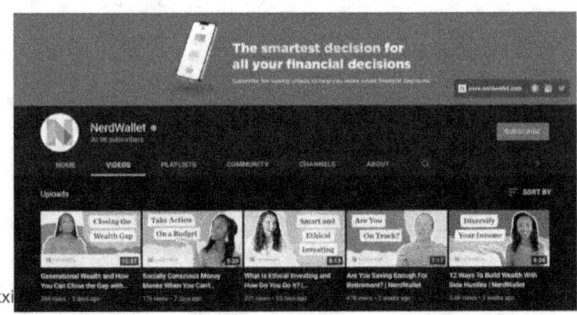

xxi

xxii

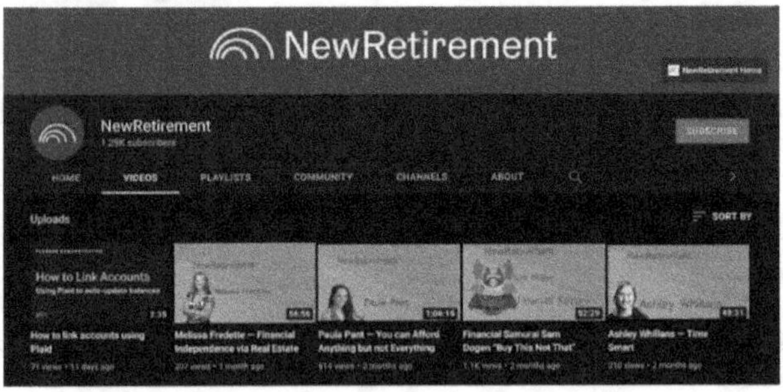

لاحظ استخدام شورتات YouTube بواسطة Manscaped ، واللافتة القوية بواسطة NerdWallet ، والمحتوى الطويل بواسطة NewRetirement.

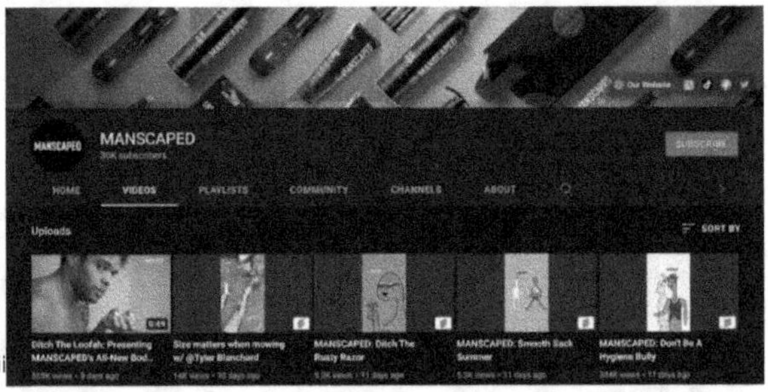

لذلك ، عند استخدام YouTube لنشاطك التجاري ، فكر في نوع المحتوى الذي تريد إنشاؤه ضمن مكانتك: هل هناك فجوة في المعرفة يواجهها عملاؤك؟ ما هي المعرفة غير المتماثلة الموجودة فيك وفريقك وعملك والتي تتيح لك القيام بما تفعله ، وكيف يمكنك تجميع ذلك للجمهور على YouTube؟ ستحدد هذه الأسئلة هويتك واستراتيجية المحتوى على YouTube.

لطالما وجدت أنه من المفيد كتابة مجموعة من الأفكار لمقاطع الفيديو على الفور بعد الخروج بمفهوم القناة. ركز في البداية على مقاطع الفيديو ذات الخطافات القوية (بحيث تحقق أداء جيدا مثل إعلانات YouTube) أو مقاطع الفيديو التي تعرف أنها ستلقى صدى جيدا داخل مجتمعك أو دائرتك المهنية.

أثناء الحديث عن هذا الموضوع ، يمكن أن تكون إعلانات YouTube أداة قوية وفعالة من حيث التكلفة لزيادة التعرض وتنمية القناة في وقت مبكر. متوسط تكلفة المشاهدة (CPV) على إعلانات YouTube هو 0.026 دولار فقط (على الرغم من أنني حصلت على هذا أقل من 0.01 دولار). هذا يعني ، بشكل أساسي ، أنه يمكنك دفع 1 سنت لشخص حقيقي لمشاهدة 30 ثانية على الأقل من الفيديو الخاص بك. هذا يعادل 10 دولارات مقابل 1,000 مشاهدة و 1,000 دولار مقابل 100,000 مشاهدة. بعيدا عن الخفافيش ، فإن وضع بضع مئات من الدولارات فقط في الإنفاق الإعلاني من هذا النوع يمكن أن يفعل المعجزات لقناة جديدة.

باختصار ، فإن النمو على YouTube يدور حول نشر مقاطع الفيديو التي يشاهدها الأشخاص. تحدد هذه العناصر مدى جودة مقاطع الفيديو القابلة للمشاهدة ، وبالتالي مدى جودة أدائها:

الجودة - الإضاءة المناسبة ، وجودة الصوت وتصميم الصوت ، والتحرير القوي ، وهياكل اللقطات النظيفة ليست كل شيء ، لكنها بالتأكيد تساعد. على الرغم من اعتمادها على نوع الفيديو ، إلا أن الكاميرا الجيدة ومجموعة الميكروفون ومكان التصوير (في بعض الأحيان تجعل الشاشة الخضراء الأمور أسهل ، أو ربما تختار محتوى الرسومات فقط مع التعليقات الصوتية).

مقدمة - في المتوسط ، ما يقرب من ربع المشاهدين ، يتركون مقطع فيديو خلال الثواني العشر الأولى. لذا ، ركز على عمل مقدمات لزجة.

الطول - لا يريد الأشخاص مقاطع فيديو طويلة للغاية: يبلغ متوسط طول الفيديو على صفحة YouTube الرئيسية حوالي 14 دقيقة. من الأفضل دائما أن تخطئ في جانب الإيجاز نظرا للاهتمام بزيادة وقت المشاهدة إلى أقصى حد. استهدف الاحتفاظ بالمشاهدين (APV) بنسبة 50٪ أو أعلى ، كما يتضح من التباين في APCs وعدد المشاهدات الناتج لمقاطع الفيديو أدناه.

Average percentage viewed	Views	Impressions	Impressions click-through rate
47.3%	14,686	213,790	4.5%

Average percentage viewed	Views	Impressions	Impressions click-through rate
57.0%	5,684,773 496.0K – 803.0K	116,094,388	3.8%

Average percentage viewed	Views	Impressions	Impressions click-through rate
54.7%	6,731,966 531.0K – 1.1M	127,743,848	4.1%

العنوان والصورة المصغرة| - صورك المصغرة هي الطريقة التي تقدم بها نفسك ، والانطباعات الأولى تدوم. يهدف تصميم الصورة المصغرة إلى تقديم مفهوم الفيديو (بدون الكذب) في أكثر الإضاءة إثارة للاهتمام ، يجب أن أنقر عليك.

مثل الصور المصغرة ، تعد العناوين إحدى الطرق الأولى التي سيتفاعل بها المشاهد المحتمل مع مقاطع الفيديو الخاصة بك. تعود العناوين إلى الغرض من

الفيديو : ما هو الموضوع الشامل للمحتوى الذي تنشئه ، ومن تحاول الوصول إليه؟ إذا كنت تحاول الوصول إلى جمهور GenZ من خلال فيديو يركز على الترفيه ، على سبيل المثال ، يجب أن تستخدم العناوين لغة مشتركة وتشعر بأنها غير رسمية. ومع ذلك ، إذا كنت تقوم بإنشاء برامج تعليمية متقدمة لجمهور بالغ ، فيمكنك اختيار عنوان أكثر مباشرة أو منظما. بهذه الطريقة ، اسع دائما إلى تنظيم عنوان الفيديو ، وتأكد من تطابق رسائل العناوين والصور المصغرة.

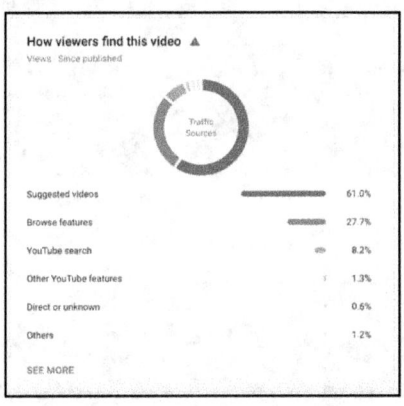

تتجلى أهمية الصور المصغرة من خلال الصورة السابقة ، حيث يتم اشتقاق الغالبية العظمى من المشاهدات من مقاطع الفيديو المقترحة وميزات التصفح ، والتي يعرض كل منها مقاطع الفيديو فقط من خلال صورتها المصغرة وعنوانها. ضمن العنوان ، فكر في دمج الخطاف والكلمات الرئيسية والأرقام ، وخلق الإلحاح ، وتحديد الحل أو القيمة المقدمة بوضوح ، واستخدام الكلمات العاطفية. لاحظ هذه العناصر في العناوين التالية:

TURNING
EPISODE 1
$0.00
ONLINE
13:22
I Tried Turning $0 into $10k Online Challenge (Part 1)
2.2M views • 2 years ago
STEP-BY-STEP
13:08
"I'm Broke... What Should I Do?"
478K views • 1 year ago
CUT THE FAT!
marieTV.
13:57
Why Smart People Underperform
888K views • 8 years ago
CC
16:20
The Painful Truth | Jordan B Peterson
856K views • 3 years ago
DAY IN THE
11:45
Day In The Life Of An Infantry Platoon Leader
1.9M views • 6 years ago
25:42
$456,000 Squid Game In Real Life!
291M views • 10 months ago
TRAVELERS PARADISE
BALI
12:36
HOW TO TRAVEL BALI - 14 Days in Paradise
3.4M views • 2 years ago
THE RULE$ OF MONEY
25:28
The 20 Rules of Money
5.8M views • 5 years ago
CC
10/10 DIFFICULTY
23:03
Most brutal Military test Ever - I tried to join the Norwegia...
4.8M views • 1 year ago
CC

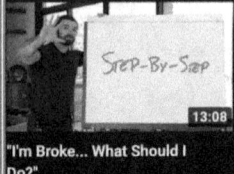

1. يطرح العنوان سؤالا يجذب جزءا كبيرا من الأشخاص بينما تعزز الصورة المصغرة مفهوم الفيديو وبنيته.
2. العنوان يروق للجميع من خلال حافز مشترك. أجزاء متعددة تستنتج العمق.
3. سؤال مثير للاهتمام مدعوم بصورة مصغرة تشير إلى الطبيعة المهنية للمتحدث ، وبالتالي الفيديو.
4. يعتمد مفهوم الفيديو على الاتجاه الحالي في ذلك الوقت ، بينما تشير قيمة الدولار إلى أن المفهوم قد تم سحبه (على سبيل المثال ، ليس فقط clickbait).
5. يقدم العنوان الواضح حداثة ، بينما تعزز الصورة المصغرة المبسطة المفهوم.
6. عرض القيمة واضح جدا ، وتم دمج رقم ، والصورة المصغرة مذهلة بصريا.
7. يربط نص العنوان الأشخاص الذين يعتبرون أنفسهم أذكياء (الجمهور المستهدف للمنشئ) ويتم زيادة المؤامرات من خلال النص الموجود في الصورة المصغرة.
8. يتم وضع الكلمات الرئيسية ذات الصلة في النصف الخلفي من العنوان ، بينما يشير النصف الأول (والصورة المصغرة) إلى الحداثة.
9. يتم الاستدلال على الدليل الاجتماعي من خلال البدلة والصورة المصغرة المصممة جيدا.

الكلمات الرئيسيه. استخدم حوالي عشر كلمات رئيسية شبه محددة في قسم "العلامات" في كل فيديو. لاحظ أن YouTube ينص على أن "العلامات تلعب دورا ضئيلا في مساعدة المشاهدين في العثور على الفيديو الخاص بك" - ومع ذلك ، خاصة عند البدء للتو ، تساعد هذه الكلمات الرئيسية الخوارزمية في تجميع

المحتوى وترتيبه. في الصورة أدناه ، ضع في اعتبارك خصوصية الكلمات الرئيسية المتعلقة بموضوع الفيديو (أي تحدي القرفصاء 2000).

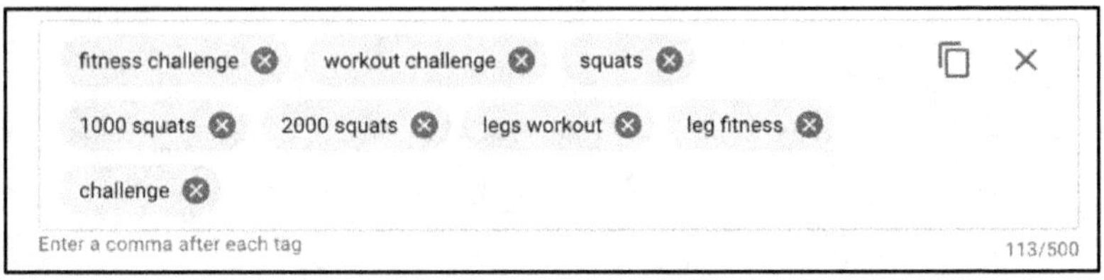

```
fitness challenge ⊗    workout challenge ⊗    squats ⊗                    ⧉  ×
1000 squats ⊗    2000 squats ⊗    legs workout ⊗    leg fitness ⊗
challenge ⊗
Enter a comma after each tag                                          113/500
```

قيمة! جميع العناصر المذكورة سابقا مهمة. في النهاية ، يتعلق كل منها بتجميع مقاطع الفيديو بالطريقة المثلى. ما يهم أكثر من أي شيء آخر هو الفيديو نفسه - كما هو الحال مع كل المحتوى الاجتماعي ، فإن مقدار الوقت الذي يقضيه الأشخاص سيرتبط حتما بمقدار القيمة التي تقدمها لهم ، سواء كان ذلك شكلا من أشكال التعليم أو الترفيه أو كليهما (بغض النظر عن مدى روعة الصورة المصغرة أو العنوان أو المقدمة). باختصار ، قم دائما بقيادة رغبات المشاهد واحتياجاته. إذا قدمت قيمة ، فسوف تفوز.

حتى الآن ، استكشفنا التفكير في المحتوى وكيفية إنشاء فيديو رائع. دعنا الآن نفكر في الأساليب والاستراتيجيات لتحقيق أقصى قدر من النمو (بخلاف الإعلانات والتسويق المؤثر ، كما هو موضح بشكل أكبر):

التردد: مرة واحدة في الأسبوع هو الحد الأدنى الصلب. ومع ذلك ، يجب أن تتفوق الجودة دائما على الكمية.

المنتدى: يمكنك الترويج لقناتك عبر منصات اجتماعية أخرى وفي جميع أنحاء المنتدى والشبكة الموجودين مسبقا لنشاطك التجاري.

قصاصة: قم بتقطيع مقاطع الفيديو الطويلة الخاصة بك ومشاركتها كشورتات على YouTube ، وكذلك عبر Instagram و TikTok و Facebook وفي أي مكان آخر يكون لديك فيه وجود في الفيديو القصير. تجميع الفيديوهات حسب قوائم التشغيل على YouTube.

المشاركة والمكافأة: استضافة الهدايا أو تقديم خصومات. انشر فيديوهات مع منشئي محتوى وأنشطة تجارية أخرى.

xxiv

لاحظ كيف يدمج جوردان ويلش بانتظام الشخصيات الشهيرة في مكانته في مقاطع الفيديو الخاصة به.
يتفوق هذا النوع من المحتوى باستمرار على مقاطع الفيديو الأخرى الخاصة به.

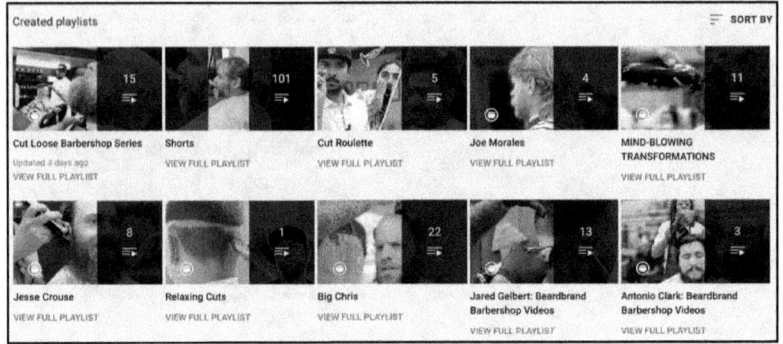

xxv

لاحظ كيف تضيف Beardbrand معظم مقاطع الفيديو الخاصة بها إلى قوائم التشغيل المختلفة لزيادة حضور البحث وتشجيع المشاهدين على مشاهدة مقاطع فيديو متعددة في جلسة واحدة.

تسييل. بمجرد وصول قنواتك على YouTube إلى 1,000 مشترك و 4,000 ساعة من وقت المشاهدة ، يمكنك البدء في كسب المال من الإعلانات التي يضعها YouTube على الفيديو. يمكنك عرض متطلبات الأهلية هذه ضمن علامة التبويب تحقيق الدخل في studio.youtube.com.

تستند الأرباح من مقاطع الفيديو إلى RPM (الأرباح لكل ألف مشاهدة). تكسب المنافذ RPMs مختلفة وفقا لمقدار الأموال التي يرغب المعلنون في هذا المكان في دفعها. بهذه الطريقة ، تحقق مقاطع الفيديو المالية عددا أعلى من الألف لكل ألف ظهور في الدقيقة مقارنة بمقاطع فيديو الألعاب نظرا لأن شركات التمويل على استعداد لدفع المزيد لعرض إعلاناتها على مشاهدي YouTube. بالإضافة إلى تحقيق الأرباح من الإعلانات التي يتم وضعها على مقاطع الفيديو الخاصة بك بعد تحقيق الدخل منها، يمكنك التحكم في عدد الإعلانات التي يتم وضعها على فيديو معين، بالإضافة إلى مكان وضع كل إعلان. بشكل عام، ضع إعلانا واحدا قبل التشغيل وإعلانا واحدا أثناء التشغيل عند علامة الثماني دقائق تقريبا (حسب طول الفيديو).

يمكنك اختيار إعادة استثمار الأرباح من YouTube في العروض الترويجية للفيديو. لتوضيح هذه الاستراتيجية ، خذ الفيديو أدناه ، والذي حقق إيرادات بقيمة

5,800 دولار أمريكي (AdSense هو النظام الأساسي لتحقيق الدخل من Google ، والذي يتعامل مع عوائد الإعلانات).

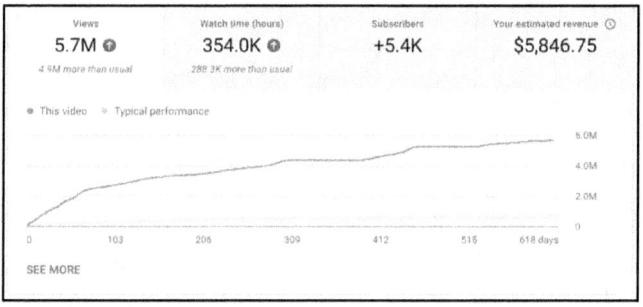

إذا تم إعادة الإيرادات المتأتية مما سبق إلى الإعلانات بسعر CPV قدره 0.01 دولار (على النحو الوارد أعلاه) ، فيمكن توجيه 580,000 مشاهدة إضافية نحو إعلان أو مقطع فيديو ، وبالتالي كسب عدة مئات من المشتركين وإيرادات إضافية تقريبية بقيمة 600 دولار.

وبهذه الطريقة، يمكن للأنشطة التجارية على YouTube إما إعادة استثمار الأرباح في إعلانات الفيديو الترويجية من خلال إعلانات YouTube أو استخدام الأرباح لتغطية تكلفة إنشاء المحتوى. هذا يتحدث عن قيمة YouTube ليس فقط كأداة لدفع العملاء إلى أسفل مسار التحويل ، ولكن لتحقيق إيرادات من الدرجة الأولى.

بمجرد تحقيق الدخل ، يمكنك الاستفادة من تكامل Teespring داخل YouTube لبيع البضائع من قسم "المتجر" مباشرة أسفل مقاطع الفيديو الخاصة بك على YouTube. لاستكشاف هذه الميزة، انتقل إلى "البضائع" ضمن "تحقيق الدخل" في studio.youtube.com.

قبل كل شيء ، قم بقيادة عقلية YouTube كونها لعبة طويلة الأجل. النتائج كرة الثلج بسرعة ، ولكن قد يستغرق الأمر بعض الوقت للوصول إلى أول مائة أو ألف أو عشرة آلاف مشترك. خلال هذه العملية، تذكر أن الاتساق والقيمة

سيفوزان، فإذا قمت أنت ونشاطك التجاري بهذين الأمرين، فستكون مطلعا على الفوائد التي ستغير قواعد اللعبة لوجود ناجح على YouTube.

تزايد على تويتر

تويتر عبارة عن منصة للتفاعلات السريعة والثقافة سريعة الخطى. العلامات التجارية التي تحقق أداء جيدا على تويتر لديها إبهامها على النبض الثقافي ليس فقط في مجالها ، ولكن في المجتمع. عادة ما يكون التعليق البارع أو الثاقب على الاتجاهات والأخبار ، والمحتوى الجذاب أو المثير للجدل المتعلق بعلامتك التجارية وعملك ، والسخرية هي الأفضل. في كل هذه الحالات ، ابذل قصارى جهدك لإنشاء محتوى سيعيد الأشخاص تغريده وإضافة تعليق إليه. هذه ، في النهاية ، هي الطريقة التي تنفجر بها التغريدات والسلاسل الفيروسية (سلاسل من التغريدات المترابطة ، ربما لاستكشاف فكرة لا يمكن تفسيرها في تغريدة واحدة ، تم إنشاؤها من خلال الرد على تغريدات المرء).

إذا كان هناك أي شيء ، فلا تظهر بشكل مفرط أو احترافيا كعلامة تجارية على تويتر. يتعلق تويتر بالمجتمع والثقافة ، وأفضل طريقة لكسب قلوب (ومحافظ) المستخدمين هي من خلال المحتوى الإبداعي والجذاب ، وليس عن طريق الترويج لعملك أو منتجاتك (ما لم تكن جذابة حقا بشكل فريد بما فيه الكفاية بمفردها). يمكن للناس أن يروا مباشرة من خلال أي شخص ليس "على دراية" وتقديم المساعدة لإضافة صلة إذا لم تكن من مستخدمي Twitter بنفسك هو استراتيجية أفضل بكثير.

بعد ذلك ، لا تجعل علامتك التجارية تبدو محظورة - الانخراط من خلال التعليقات ، وبناء علاقات مع العملاء ، وتشجيع إعادة التغريد ، ومتابعة (بعض) الأشخاص مرة أخرى.

انشر ما لا يقل عن 1-2 مرات في اليوم على حساب Twitter الخاص بك. يجب أن يختلف هذا وفقا للأحداث الجارية التي يمكن لنشاطك التجاري إضافة تعليق إليها بشكل معقول. أعد التغريد على الأقل عدة مرات في الأسبوع. لاحظ أن المشاركة عادة ما تكون الأعلى بين الساعة 9-10 صباحا (كما هو الحال دائما ، اضبط التوقيت وفقا لتحليلات Twitter الخاصة بك بمرور الوقت).

تحقق من بعض تغريدات العلامة التجارية التاريخية الرائعة:

@netflix يعلن بشكل غير مباشر عن العرض (يتم وضع اسمه بمهارة في أسفل يسار الصورة) من خلال خط بارع.

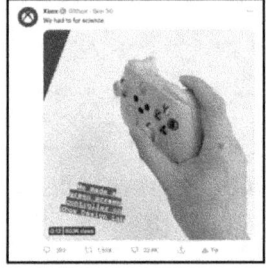

يستفيد @Xbox من المحتوى الجذاب لإظهار جانب أنيق من فريق Xbox.

لاحظ استخدام سلاسل الرسائل والحوافز @SlimJim إنشاؤها للمشاهدين للتفاعل مع المشاركة.

تزايد على لينكد إن

يبدأ بناء الجمهور على LinkedIn ببناء الملف الشخصي. تأكد من ملء صفحتك الشخصية على LinkedIn ، وكذلك صفحة عملك بالكامل. تحصل الملفات الشخصية التي تحتوي على معلومات كاملة في المتوسط على مشاهدات أكثر بنسبة 30٪ ، بينما يتوسع هذا الفارق للملفات الشخصية التي تنشر المحتوى بانتظام. تأكد من ملء بعض صفحات العرض ، وهي امتدادات تابعة لصفحة شركتك تستخدم لتسليط الضوء على وحدة عمل أو مبادرة أو قطاع رأسي. أخيرا ، تأكد من تعيين جميع عناصر ملف التعريف لكل صفحة على العامة.

كما هو الحال دائما ، اجذب أولا جمهورا من مصادر خارجية. تأكد من زيادة اتصالات صفحتك الشخصية على LinkedIn وأن الموظفين يتابعون صفحة أعمال LinkedIn الخاصة بك. أخيرا ، تأكد من الانضمام والمشاركة في مجموعات LinkedIn ذات الصلة.

بالإضافة إلى أساسيات تحسين محركات البحث والتحسين هذه ، تتطلب زيادة التعرض وبناء جمهور لعملك على LinkedIn إنشاء محتوى. يوفر LinkedIn أدوات سهلة لإنشاء المحتوى من خلال عرض المشرف المتميز لصفحة الأعمال ويتيح لمسؤولي الصفحة إنشاء محتوى وإضافته من خلال مجموعة متنوعة من الأدوات ، بما في ذلك استطلاعات الرأي وصندوق رمل بناء المقالات بالكامل.

وفقا للاستراتيجية الرقمية التي أنشأتها ، من الأكثر فاعلية إعادة مشاركة المحتوى على LinkedIn الذي تم تصميمه في البداية لمنصات أخرى ، والعكس صحيح. على سبيل المثال ، إذا كان عملك يحتوي بالفعل على مدونة ، فما عليك سوى أخذ هذا المحتوى وتغييره ليلائم صفحتك على LinkedIn ومشاركته في ملفك الشخصي على LinkedIn.

تحقق المنشورات التي تحتوي على مزيج من أنواع المحتوى ، مثل صورة رأس الصفحة أو منشور المدونة أو استطلاع الرأي ، أفضل أداء. تأكد من

دمج مجموعة متنوعة من علامات التصنيف ذات الصلة في المحتوى وتقسيم المشاركات الطويلة إلى فقرات ورؤوس قصيرة.

شارك ما لا يقل عن 1-2 منشورات في الأسبوع. بالإضافة إلى النشر على صفحة عملك ، انشر بانتظام على ملفك الشخصي لجذب العملاء المحتملين نحو عملك ، وشارك بانتظام في كلا الملفين الشخصيين في جميع أقسام التعليقات. اجعل من السهل على الموظفين نشر محتوى LinkedIn ، مثل أثناء أحداث الشركة والعروض الترويجية والمعالم وما إلى ذلك.

أثناء نموك ، تابع التحليلات لقياس ما يتفاعل معه الزوار أو لا يتفاعلون معه ، بالإضافة إلى التركيبة السكانية التي تشكل هؤلاء الزوار. قم بتجميع هذه المعلومات لاتخاذ قرارات بشأن التفكير في المحتوى والاستراتيجية في المستقبل.

إذا كانت علامتك التجارية تعمل مع المؤثرين أو الشركات الأخرى ، فقم بالإشارة إليهم في المنشورات ، وشجعهم (الأفضل من ذلك ، التنسيق معهم) على الإشارة إلى علامتك التجارية في المقابل.

أخيرا ، ضع في اعتبارك استخدام إعلانات LinkedIn لتسريع النمو. هذه العملية موضحة في قسم الإعلان.

تضمن هذه الاستراتيجيات وسيلة شاملة ليس فقط لاكتساب قاعدة متابعين ومستهلكين على LinkedIn ، ولكن أيضا لضمان بقاء عملك مرئيا ، وتوليد عملاء محتملين في بيئة مهنية ، وزيادة فرص العمل إلى أقصى حد.

لاحظ بعض الأمثلة على ملفات تعريف LinkedIn للأعمال الصغيرة الجيدة في الصفحة التالية.

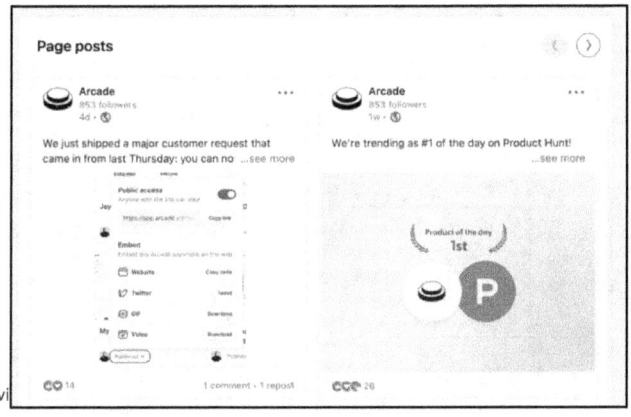

xxvi

لاحظ مزيج تحديثات الشركة والمحتوى الأطول نطاقا.

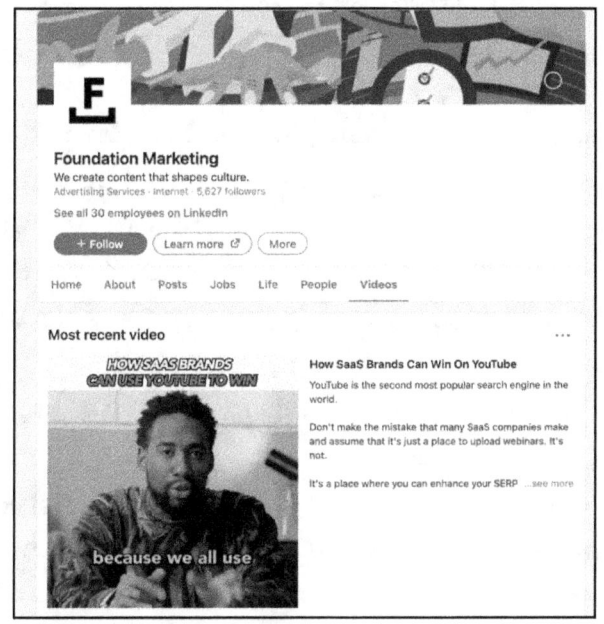

لاحظ استخدام محتوى فيديو عالي الجودة لنقل سلطة العلامة التجارية وزيادة المشاركة.

تزايد على بينتيريست

بينتيريست هو كل شيء عن المرئيات. يبدأ النمو على Pinterest بدفق ثابت من الصور عالية الجودة - إذا لم يتم دمج خط الأنابيب هذا بالفعل في عملك (كما هو الحال في حالة شركة أزياء أو عقارات) ، فإن بذل الجهد في بناء جمهور Pinterest ليس هو الخطوة الصحيحة.

يعتمد Pinterest على اللوحات ، والتي تمثل موضوعا مركزيا يتم بموجبه تنظيم الصور. يمكن "تثبيت" الصور من الإنترنت على لوحة ، أو يمكن "إعادة تثبيت" الصور الموجودة بالفعل على Pinterest في لوحة أخرى. يمكن التعليق على الدبابيس.

لذا ، فإن النمو على Pinterest يعكس عدد الصور التي تضعها ، وعدد اللوحات التي لديك ، وعدد الدبابيس وإعادة الدبابيس التي تنظمها. مطلوب ما لا يقل عن خمسة دبابيس في اليوم (يفضل بضع عشرات) لزيادة الجمهور. وجد Mashable و Pinerily أن أيام السبت وبعد الظهر والمساء هي أفضل الأيام والأوقات من حيث المشاركة.

بالنسبة للمحتوى نفسه ، تم تصميم Pinterest حول صور عالية الجودة بدون وجوه بشرية (الأشكال / الأجسام جيدة) ، ولا نص أو حدود ، ومحتوى مرئي جذاب. لكل دبوس ولوحة ، تأكد من ملء الأوصاف المرتبطة بمحتوى غني بالكلمات الرئيسية يتضمن اسم علامتك التجارية. تفضل بزيارة trends.pinterest.com للحصول على أفكار للمحتوى. أخيرا ، لاحظ أنه يمكن نشر مقاطع الفيديو ، لذا فإن إعادة نشر محتوى قصير يعد طريقة رائعة لإعادة تدوير المحتوى الناجح. فقط تأكد من أنها ذات صلة بجمهور Pinterest الخاص بك.

من الأفضل أن يكون نشر الدبابيس بانتظام من مجموعة متنوعة من مواقع الويب (بشكل أساسي ، بالطبع ، موقعك الخاص) مصحوبا بمشاركة منتظمة

من خلال لوحات المجموعة وأقسام التعليقات والمحتوى المنشور من قبل العلامات التجارية الأخرى.

لاحظ الشعور المتسق لمحتوى Pinterest ، بالإضافة إلى الحجم النقي للدبابيس على كل لوحة.

سأقولها مرة أخرى: Pinterest أمر لا بد منه للعلامات التجارية المرئية ، خاصة لأولئك الذين يبيعون المنتجات أو الخدمات عبر الإنترنت. إذا كان الأمر كذلك ، فقم على الأقل بإعادة مشاركة الصور التي تستخدمها بالفعل داخل عملك على النظام الأساسي. سيزداد النمو بمرور الوقت حيث يعثر المستخدمون على المحتوى الخاص بك ويعيدون تثبيته.

إنشاء محتوى اجتماعي

في هذا القسم ، سنغطي بإيجاز بعض أساسيات إنشاء المحتوى المستند إلى الفيديو والصور والرسومات.

الرسومات

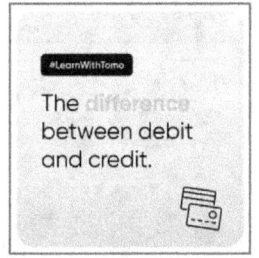

xxvii

تدمج معظم الشركات التي تعمل على وسائل التواصل الاجتماعي التصميم الجرافيكي بشكل كبير في استراتيجية المحتوى الخاصة بها. عادة ما يكون هذا النوع من المنشورات بسيطا وملونا بصريا. ينقل المعلومات من خلال النصوص وتصميمات المتجهات البسيطة (على سبيل المثال ، الصور المبسطة أو الرسوم المتحركة أو الأشكال المتتبعة).

الرسومات من هذا النوع ليست صعبة للغاية وتتطلب فقط بعض المعرفة الأساسية في استخدام أي عدد من أدوات التصميم عبر الإنترنت. يمكنك الاستعانة بمصادر خارجية لهذا النوع من العمل ، والذي عادة ما يكون رخيصا (يتم تغطية الاستعانة بمصادر خارجية في فصل الأتمتة والاستدامة القادم) أو القيام بذلك بنفسك. عادة ما يتم هذا الأخير على المنصات التالية:

كانفا - Canva هي أداة تصميم جرافيك فائقة البساطة ، افعلها بنفسك. إنه مجاني ويقدم مجموعة متنوعة من القوالب المعدة مسبقا.

فوتوشوب - يقدم Photoshop مجموعة كاملة من أدوات تحرير الصور. يتطلب الأمر وقتا أطول قليلا للتعلم مقابل خيار مثل Canva ويكلف 20 دولارا شهريا (حسب اختيارك لخطة Creative Cloud) ، ولكنه يقدم بيئة تحرير احترافية وشاملة.

فوتوبيا - Photopea هي خدمة مجانية على غرار فوتوشوب. وهو يمثل مزيجا بين الخدمتين الموصوفتين سابقا.

للحصول على مصدر إلهام لحقوق الطبع والنشر وأسلوب الرسومات التي وضعها عملك ، من الأفضل إلقاء نظرة على ما يفعله المنافسون أو العلامات التجارية التي تتطلع إلى محاكاتها والعمل من هناك. ركز على الرسائل والنصوص البسيطة (ليس وقت الفقرات ولا التفسيرات الشاملة!) وقم بدمج استراتيجية العلامة التجارية والهوية.

| الإعلان

الصور

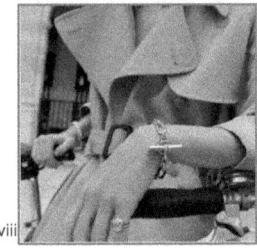

xxviii

المحتوى الفوتوغرافي هو المستوى المتوسط من حيث الصعوبة بين الرسومات والفيديو. الصور الجيدة لا تتطلب كاميرات باهظة الثمن. معظم الكاميرات كانون رخيصة نسبيا (1-2000 دولار) هي أكثر من كافية (والعتاد المستأجر أيضا يحصل على المهمة القيام به). تكمن الصعوبة الأساسية في إعداد الصور ، خاصة بالنسبة للقطات المنتج. أنواع أخرى من اللقطات التي تستخدمها الشركات بشكل أساسي - صور الأحداث ، وموقع العمل ، وما إلى ذلك ، تأتي مبنية مسبقا مع مجموعة ، وهذا يجعل المهمة الناتجة أسهل بكثير.

عندما يتعلق الأمر بلقطات المنتج الرائعة ، فأنت تحتاج إلى القيام بذلك مرة واحدة فقط - كن على استعداد لإنفاق الأموال على توظيف مصورين للقيام بدفعة أولية إذا كنت لا تشعر بالراحة في التقاط الصور بنفسك. إذا كنت مرتاحا إلى حد ما خلف الكاميرا ، فاستخدم تطبيق Peerspace للعثور على مواقع التصوير. تصل المساحات الكبيرة إلى 25 دولارا في الساعة ، بينما يمكن أن

تصل تكلفة مواقع مربي إلى 150 دولارا أو أكثر في الساعة. مطلوب القليل من المعرفة التقنية واستخدام المساحات المؤجرة مثل تلك الموجودة في الصفحة التالية هو إلى حد بعيد الطريقة الأكثر فعالية من حيث التكلفة للوصول إلى مجموعات الصور عالية الجودة.

xxix

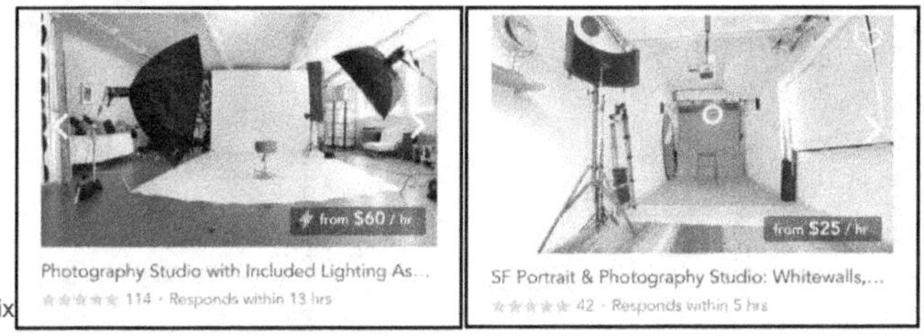

عند التقاط أي نوع من الصور المتعلقة بالنشاط التجاري ، عادة ما تكون البساطة أفضل. تهدف إلى التمسك بموضوع الأسلوبية العامة وملف تعريف اللون.

في الصور المجردة أدناه ، لاحظ استخدام الضوء والتباين والتركيز.

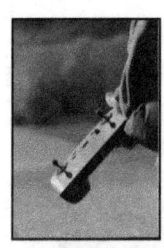

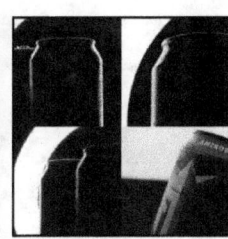

في صور المنتج أدناه ، لاحظ بساطة الخلفيات وملفات تعريف الألوان.

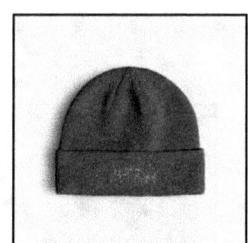

xxx

مرة أخرى ، في حين أن حاجز الدخول إلى التقاط نوع الصور الأكثر استخداما من قبل الشركات الصغيرة ، مثل لقطات المنتج والموقع ، ووسائط الأحداث ، وصور الفريق ليس من الصعب للغاية إنشاء ، يجب التأكيد على أن العناصر المرئية مهمة للغاية في الفضاء عبر الإنترنت. من الأفضل بكثير إنفاق بعض الأموال الإضافية واستئجار وكالة بدلا من القيام بذلك بنفسك إذا كنت لا تشعر بالراحة في العمل مع الكاميرات والأجهزة.

باختصار: كعمل تجاري ، ضع الوقت والجهد والمال اللازمين لتبدو جيدة. هذه الاستراتيجية ضرورية بشكل بارز للبيئات الرقمية.

فيديو

xxxi

يعد الفيديو مهما للأعمال لأنه طريقة فعالة للغاية لتوصيل كمية هائلة من المعلومات إلى المشاهد في فترة زمنية قصيرة (إذا كانت صورة واحدة تساوي ألف كلمة ، فما قيمة الفيديو؟).

سواء كنت تنشئ مقاطع قصيرة أو مقاطع فيديو أطول على YouTube أو إعلانات فيديو ، فإن معرفة كيفية إنتاج مقاطع فيديو رائعة بأقل تكلفة أمر قيم.

من الأفضل النظر إلى تصوير الفيديو للأعمال على أنه امتداد للتصوير الفوتوغرافي: اجعله بسيطا بصريا ولا تشعر بالحاجة إلى التفاخر في مجموعات مجنونة أو تعديلات مفرطة (ولا دقة 1080 - 4K بكسل على ما يرام). فقط ضع

| الإعلان |

في اعتبارك أنك ستحتاج إلى ميكروفونات (إما على الجسم أو على الكاميرا لإنجاز المهمة) بالإضافة إلى كاميرا عند تصوير مقاطع الفيديو.

إذا كنت تتطلع إلى إنشاء مقاطع فيديو داخل الشركة ، فإن نفس الإستراتيجية المتمثلة في استئجار مجموعات الفيديو من خلال خدمة مثل Peerspace تكون فعالة من حيث التكلفة إلى أقصى حد. من الأفضل إجراء التحرير من خلال Adobe Premiere Pro أو Final Cut Pro. DaVinci Resolve هو بديل مجاني رائع.

في ملاحظة أخيرة ، لا تخف من الاستعانة بمصادر خارجية لإنتاج الفيديو ـ تماما كما هو الحال مع التصوير الفوتوغرافي ، فهو عدد الأشخاص الذين سيتم تقديمهم إلى عملك. من الأفضل بكثير القيام بذلك بشكل صحيح بتكلفة أعلى ـ فقط لا تشترك في فكرة أنه لا يمكنك القيام بذلك بشكل صحيح داخل الشركة أو خارج ميزانية معقولة.

الأتمتة والاستدامة

يفشل معظم منشئي ومديري وسائل التواصل الاجتماعي في ذكر أن *وسائل التواصل الاجتماعي صعبة*. من الصعب إنشاء وجود عبر الإنترنت. من الصعب إنشاء محتوى جذاب. من الصعب بناء قمع محسن. يجب أن تكون صعبة لأن غنائم النجاح هائلة - كما يقول المثل ، إذا كان الأمر سهلا ، فسيفعل الجميع ذلك.

لحسن الحظ ، هناك بعض الأدوات التي تجعل إدارة الجوانب الرقمية لعملك أسهل. **الاستعانة بمصادر خارجية** هو جلب أشخاص آخرين ، عادة ما يكونون عمالا متخصصين ، لإدارة أجزاء معينة من العمل. **الأتمتة** هي بناء أنظمة تدير نفسها. يمكن الاستعانة بمصادر خارجية أو أتمتة جميع جوانب وسائل التواصل الاجتماعي والوسائط الرقمية تقريبا لتحقيق فائدة ملحوظة لصاحب العمل.

اليوم ، الاستعانة بمصادر خارجية من خلال مجموعة متنوعة من الخدمات التي تربطك بالعاملين لحسابهم الخاص المتخصصين. هذه الخدمات ذات قيمة لعدة أسباب: في المقام الأول ، نظرا لأنها تربطك بالعاملين لحسابهم الخاص في جميع أنحاء العالم والمجال تنافسي للغاية على جانب العرض ، يمكنك الوصول إلى مجموعة كبيرة من العمال المحتملين ونقاط السعر المنخفض. وبهذه الطريقة ، فإن العديد من المهام الوضيعة المتأصلة في التسويق الرقمي والاجتماعي هي ثمار متدلية يمكن الاستعانة بمصادر خارجية بتكلفة منخفضة نسبيا. بالطبع ، إذا كان لديك عمل مستعد للقيام بالعمل شخصيا (مرة أخرى ، المتدربون رائعون لهذا) ، فعادة ما يكون هذا هو الخيار الأفضل ، ولكن بالنسبة لأي شخص آخر ، فإن الاستعانة بمصادر خارجية هي السبيل للذهاب. فيما يلي بعض المهام الشائعة التي يمكن الاستعانة بمصادر خارجية بسهولة:

- إنشاء الموقع.
- أبحاث الاتجاه.
- التفكير في المحتوى.
- المادة وكتابة الإعلانات.

- إدارة حملة PPC (الدفع بالنقرة).
- نشر المحتوى.

قد يكون من الغريب منح شخص غريب إمكانية الوصول إلى أجزاء من عملك. ضع في اعتبارك أن المستقلين يعتمدون على المراجعات الجيدة والكلام الشفهي لتوليد العملاء ؛ من خلال العمل فقط مع المستقلين (أو الوكالات) الراسخين الذين يقدمون تاريخا قويا وقاعدة مراجعة ، لا يوجد أي خطر أمني على الإطلاق في الاستعانة بمصادر خارجية.

تكمن الصعوبة الأساسية في العمل مع المستقلين في أنهم ليسوا على دراية وثيقة بالأعمال واستراتيجية العلامة التجارية لعملك مثلك أنت وموظفيك (وهذا هو السبب في أن المهام التي يسهل الاستعانة بمصادر خارجية هي تلك التي تتطلب القليل من المعرفة الفعلية بالعمل). هناك العديد من العلاجات لهذه المشكلة - أولا ، ببساطة مشاركة الموارد التي تثقف المستقلين حول عملك ورؤيتك (هذا أكثر واقعية إذا تم التعاقد مع المستقلين على المدى الطويل) ، أو اثنين ، العمل مع وكالة تضع درجة غير عادية من الوقت والجهد في فهم عملك (ببساطة ، ابحث عن مستقلين ووكالات جيدة للعمل معها).

بالنسبة إلى المكان الذي يمكن العثور فيه بالضبط على هؤلاء المستقلين - ضع في اعتبارك القائمة التالية:

- **Fiverr:** Fiverr هو أكبر سوق للعاملين لحسابهم الخاص ويقدم مجموعة واسعة من العروض. إنها الخدمة الأقل فحصا ، ولكنها غالبا ما تكون الأقل تكلفة ، في هذه القائمة.
- **Upwork:** Upwork هي شركة رائدة في مجال العمل الحر تركز بشكل أساسي على تطوير الويب والتصميم الجرافيكي والكتابة وخدمات التسويق. Upwork رائع لإقامة علاقات وعقود طويلة الأمد.
- **Designhill:** متخصص في خدمات الجرافيك وتصميم الويب.

- **Toptal**: يعرض المستقلين لتقديم "أفضل 3% من المواهب المستقلة" فقط. يركز Toptal على الخدمات في مجالات تطوير البرمجيات والتصميم وإدارة المنتجات.
- **Reedsy**: متخصص في تقديم الخدمات للمؤلفين، ولكنه رائع لتوظيف أي نوع من المحررين أو ghostwriter للمدونة أو كتابة الإعلانات أو أعمال التصميم الجرافيكي.
- **99designs**: متخصص في خدمات التصميم.
- **Codeable**: متخصص في أي شيء وكل ما يتعلق ب WordPress.
- **Gun.io**: متخصص في هندسة البرمجيات.
- **PeoplePerHour**: رائع للمشاريع قصيرة الأجل.
- **Skyword**: يركز على الكتابة واستراتيجية المحتوى.

إذا كنت تفضل العمل مع وكالة، والتي عادة ما تكون أكثر تكلفة ولكنها توفر تجربة أكثر تخصيصا وحجما أكبر من الخدمات. يمكنك العثور على بعض المحلية ببساطة عن طريق البحث عن "وكالة وسائط اجتماعية بالقرب مني" أو "وكالة تسويق رقمي بالقرب مني" على Google. بدلا من ذلك، ابحث عن أي عدد من الوكالات التي تعمل رقميا من خلال البحث عن المهام التي تتطلع إلى الاستعانة بمصادر خارجية.

عندما يتعلق الأمر بالاستعانة بمصادر خارجية للمهام منخفضة المهارة، اختر أفضل سعر. بالنسبة للمهام عالية المهارة، ركز على الجودة على السعر.

بالإضافة إلى ذلك، لاحظ أن مواقع الويب المستقلة التي تتطلب منك نشر وظيفة والمستقلين للتنافس على المكان غالبا ما تدفع المستقلين إلى تقديم عروض أسعار أقل بكثير من سعرهم المثالي. استفد من هذه العملية المتعلقة بمواقع مثل Fiverr أثناء عرض قوائم الوظائف المنشورة بواسطة المستقلين.

هذا ما تحتاج إلى معرفته عندما يتعلق الأمر بالاستعانة بمصادر خارجية - إنها طريقة قوية لتبسيط وتسريع عملية التسويق الرقمي (أو أي عملية تجارية في هذا الشأن) على أي مستوى أو نوع من الأعمال.

الطريقة الثانية للقيام بهذه الأشياء نفسها هي الأتمتة- تم تعريفها سابقا على أنها إنشاء أنظمة تدير نفسها ، وينظر إلى الأتمتة بشكل أفضل على أنها إزالة العمل والجهد البشري من العملية ، عادة من خلال البرامج والتعليمات البرمجية. في حين أن الاستعانة بمصادر خارجية تحل محل العمالة الداخلية بالعمالة خارج المنزل ، فإن الأتمتة أقرب بكثير إلى الإصلاح لمرة واحدة: بمجرد أتمتة مهمة يهيمن عليها الإنسان ، نادرا ما تعود.

الأتمتة منتشرة للغاية في الفضاء الرقمي. تدمج الشركات البرامج والأتمتة في جميع أنواع المهام المهمة ، بما في ذلك ليس فقط تلك التي كان يؤديها البشر ذات مرة ، ولكن تلك التي لا يمكن أبدا أن يقوم بها العمال البشريون. ضع في اعتبارك بعض جوانب التسويق الرقمي الجاهزة للأتمتة:

- إدارة وتحسين الدفع لكل نقرة (على سبيل المثال، تعديلات الإنفاق الإعلاني وفقا لقواعد الأداء)
- مشاركة وسائل التواصل الاجتماعي (المستجيبون التلقائيون لل dm ، المشاركة التلقائية)
- النشر (جدولة المنشورات)

أسهل نوع من الأتمتة للتنفيذ هو SaaS ، أو البرنامج كخدمة ، والذي يتيح لك دفع اشتراك شهري لاستخدام البرامج التي تعمل على أتمتة بعض جوانب أنشطتك الرقمية.

على سبيل المثال ، عملت مع إيفان في AdsDroid لبعض الوقت لإدارة إعلانات Amazon الخاصة بي. يحدد برنامجه تلقائيا الكلمات الرئيسية الأفضل أداء ويغير عروض أسعار الإعلانات بمرور الوقت. بهذه الطريقة ، دون

ترميز أي شيء بنفسك ، يمكنك الاستفادة من أدوات البرامج القوية لأتمتة سير العمل الرقمي.

سأدرج بعض خدمات الأتمتة الرقمية الشائعة أدناه ، بالإضافة إلى الغرض المقصود منها:

- **Zapier** - أتمتة مخصصة عبر 5000 تطبيق.
- **Hootsuite** - جدولة المنشورات ومراقبة المنافسة وعرض التحليلات الفريدة.
- **في وقت لاحق** - جدولة المشاركات وإدارة التعليقات.
- **الرياح الخلفية** - أداة الجدولة والتحليلات ، الأفضل لـ Pinterest.
- **CoSchedule** - جدولة ما بعد الشامل.
- **Iconosquare** - تحليلات متقدمة.
- **BuzzSumo** - تحديد الموضوعات الشائعة والمؤثرين.
- **Scoop.it** - تنظيم المحتوى من مصادر أخرى.
- **اذكر** - تعرف على مكان ذكر علامتك التجارية ، وحدد المؤثرين ، وراقب الكلمات الرئيسية في الوقت الفعلي.
- **MeetEdgar** - أنشئ مكتبة من المحتوى الذي ترغب في مشاركته عبر منصات مختلفة وقم بجدولته ومشاركته تلقائيا نيابة عنك.
- **SocialPilot** - جدولة النشر ، تعاون الفريق ، التحميل الجماعي ، إدارة الحملات الإعلانية على Facebook.
- **مدير صفحات الفيسبوك** - إدارة صفحات الفيسبوك الخاصة بك.
- **Zoho Social** - أداة جدولة وتحليلات، رائعة للفرق التي تتعاون رقميا.
- **PromoRepublic** - منصة التسويق المحلية.
- **Audiense Connect** - إدارة تويتر.

- **Napolean Cat** - مجموعة واسعة من ميزات الأتمتة للحملات عبر الأنظمة الأساسية.

يمكن استخدام أدوات أخرى لإدارة التعاون الرقمي ، على النحو التالي:

- **الركود** - التواصل الداخلي.
- **أسانا** - التعاون في المشاريع.
- **Trello** - تنظيم مشاريعك.

باختصار ، تقدم الأتمتة طريقة ثانية للتخفيف من تكاليف العمليات الرقمية (من حيث الوقت والجهد وكذلك المال). الكفاءة هي الهدف: نظرا لأن وسائل التواصل الاجتماعي هي لعبة طويلة الأجل ، فإن القضاء على العمل قصير الأجل والجهد الإبداعي المبذول في وسائل التواصل الاجتماعي وجميع أنواع العمليات الرقمية مع الحفاظ على الإنتاج يضمن بشكل أفضل طول عمر ونجاح أي مسعى رقمي.

الاعلان

يمكن للأشخاص والشركات الماهرة في الإعلانات المدفوعة الوصول إلى طابعة نقود. هناك فائض من القنوات الإعلانية المتاحة ، بدءا من Facebook و TikTok إلى Google و YouTube. تهدف معظم الإعلانات إلى بيع منتج أو خدمة ، على الرغم من أن بعض الشركات الكبيرة تدير حملات ضخمة فقط لبناء حسن نية العلامة التجارية. الإعلانات الجيدة المصممة لبيع منتج أو خدمة مربحة مدى الحياة. الربح المتراكم من الإعلانات أكبر من الإنفاق الإعلاني ليس

بالضرورة على المدى القصير ولكن مع الأخذ في الاعتبار قيمة العميل المشتقة مدى الحياة (LTV).

نظرا لأن الإعلانات المدفوعة قابلة للتطوير وتصل إلى مئات الملايين من الأشخاص ، فإن إعلانات التعادل أو الإعلانات المربحة هي أداة قيمة بشكل لا يصدق. بالطبع ، الإعلان عبر الإنترنت ليس سرا ، وليس بالأمر السهل. يعمل العديد من مشغلي الإعلانات بخسارة لدفع حركة المرور والمبيعات إلى منتجاتهم على أمل أن يؤدي التسويق المدفوع في النهاية إلى بناء زخم عضوي.

بغض النظر عن الربحية الموضوعية للإنفاق الإعلاني ، فإن الشخص الذي لديه القدرة على تحسين فعالية إعلانات الشركة ، بغض النظر عن هذه الفعالية ، يستحق دولارات كبيرة لتلك المنظمة. يمكن للشخص الذي يتفوق في الإعلانات المدفوعة أن يقود كميات هائلة من الزيارات المستهدفة إلى مواقع الويب التي يختارها ، ويستخدم العديد من رواد الأعمال الفرديين هذا في مساعيهم الخاصة.

إذن ، ماذا يعني الإعلان المدفوع؟ بشكل عام ، يتضمن الإعلان قمعا. كل قمع إعلاني له عدة مراحل ، والتي تعرف الناس على العلامة التجارية والأعمال التجارية على أعلى مستوى ، وتحولهم إلى عملاء يدفعون في أدنى مستوى. لا تحتاج مسارات التحويل دائما إلى التوجيه نحو نقطة شراء ، فقط نحو مؤشرات الأداء الرئيسية المحددة في أقسام العلامة التجارية والاستراتيجية الاجتماعية. على سبيل المثال ، ضع في اعتبارك مسار التحويل التالي للأعمال النظرية:

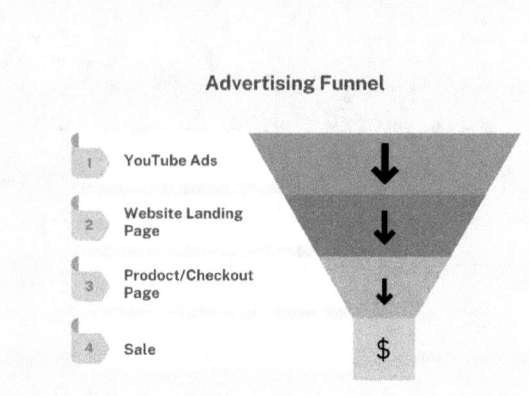

لا يقتصر إنشاء مسارات إعلانية مدفوعة رائعة على الإعلانات فقط. بدلا من ذلك ، يجب تحسين كل خطوة من خطوات القمع لإيصال أكبر عدد ممكن من الأشخاص إلى المرحلة التالية. في الحالة النظرية ، لنفترض أن 1 مليون شخص يشاهدون إعلان YouTube لشركة صغيرة. من بين المليون ، نقر 10000 فقط على الإعلان وتقدم إلى الصفحة المقصودة. بعد ذلك ، يتقدم 1,000 فقط إلى صفحة الخروج من المنتج ، و 100 يتم تحويلها إلى عملية بيع. في أي مرحلة ، يمكن أن تؤثر خطوة سيئة في مسار التحويل (على سبيل المثال ، موقع ويب أو إعلان أو صفحة دفع سيئة) بشكل كبير على النتائج. بهذه الطريقة ، يجب العمل على كل مرحلة لضمان إنشاء أفضل مسار تحويل شامل ممكن. دعنا نستكشف نصائح لإنشاء وتحسين كل خطوة من خطوات مسار التحويل.

الجزء العلوي من مسار تحويل الإعلانات المدفوعة هو إعلان يتم عرضه لمستخدمي وسيط معين ، مثل موقع ويب للتواصل الاجتماعي. عادة ما تكون الإعلانات هي المرحلة الأقل تحويلا في مسار التحويل بأكمله نظرا لأن المستخدمين يتعرضون بشكل مفرط للإعلانات على معظم الأنظمة الأساسية. بينما سيتم استكشاف موضوع إنشاء الإعلانات بدقة في جميع أقسام النظام الأساسي لكل

إعلان، ركز على هذه الأشياء الأساسية في جميع المجالات (وعبر جميع الأنظمة الأساسية) عند إنشاء الإعلانات:

ابتكر مع وضع جمهورك في الاعتبار. أنت لا تنشئ إعلانا للجميع. أنت تنشئ إعلانات مصممة ليكون لها صدى لدى جمهورك (عملائك المستقبليين). حافظ على تركيز هذه المجموعة ومشاكلها المحددة بشكل حاد.

كتابة الإعلانات / التحدث. اعتمادا على التنسيق (صورة ، فيديو ، نص ، إلخ) ، لديك وقت قصير لتوصيل رسالة إلى المشاهدين. في إعلانات الفيديو ، يجب أن يكون لديك خطاف موجز (حسب الطول) ، بينما في الإعلانات المصورة والنصية ، يعد العنوان الجذاب أمرا ضروريا. اعمل على البساطة ودمج شعارات العلامة التجارية المحددة في قسم استراتيجية العلامة التجارية. تأكد ، قبل كل شيء ، من أنك إذا كنت في مكان عميل محتمل ، فستستمر في مشاهدة إعلانك الخاص (اسأل بعض الأصدقاء أيضا - قد تكون متحيزا بعض الشيء).

التصميم (المرئيات). تعتمد العناصر المرئية أو الصور على نوع الإعلان الذي تختار إنتاجه. تختلف إعلانات الفيديو بصريا عن الإعلانات الرسومية أو عن الإعلانات النصية. عندما يتعلق الأمر بإعلانات الفيديو ، يجب أن تدعم العناصر المرئية وعناصر التصميم الرسائل والعبارة التي تحث المستخدم على اتخاذ إجراء وتعززها. فكر مرة أخرى في قسم استراتيجية العلامة التجارية وقم بالتصميم الأساسي على تلك الخيارات. ضع في اعتبارك السرعة والطول - فأنت تريد إنتاج إعلان فيديو مدته 15 ثانية فقط ، أو ربما فيديو أطول مدته دقيقتان. سيتم النظر في هذه الخيارات بشكل متعمق في قسم إعلانات YouTube. بالنسبة للإعلانات المستندة إلى الصور ، من الأهمية بمكان أن تدعم العناصر المرئية الرسائل والعبارة التي تحث المستخدم على اتخاذ إجراء للإعلان. اجعلها بسيطة ومتوافقة مع العلامة التجارية.

رسالة. بالإضافة إلى الخطاف الأولي ، تنقل الإعلانات الرائعة التي تركز على المنتج بوضوح قيمة أعمالهم وعروضهم للمشاهدين. يحدد معظمهم مشكلة أو يلمحون إليها ويصفون الحل الذي يتم تقديمه ، غالبا بطريقة تتضمن دليلا اجتماعيا. بغض النظر عن نوع الإعلانات التي تنتجها ، ضع الرسائل في الاعتبار ، واجعلها قصيرة وقوية.

عبارة تحث المستخدم على اتخاذ إجراء. تشجع العبارات التي تحث المستخدم على اتخاذ إجراء العملاء على اتخاذ الإجراءات المؤدية إلى مؤشر الأداء الرئيسي الخاص بك. قد تتخذ العبارات التي تحث المستخدم على اتخاذ إجراء شكل "اشتر الآن" أو "حجز مكالمة" أو "تعرف على المزيد". مهما كان ، تأكد من أنه واضح بصريا ومباشر. ضع في اعتبارك تقديم نوع من الحوافز يتجاوز عرض القيمة للشركة ، مثل الخصم أو التجربة أو المكافأة ، واهدف إلى زيادة الإلحاح.

بعد التحويلات المستمدة من الإعلانات ، يتم توجيه العملاء عادة إلى صفحة مقصودة من نوع ما. الصفحة المقصودة هي عصر ويب مستقل تم إنشاؤه خصيصا لحملة تسويقية. بدلا من ذلك ، يمكنك توجيه المشاهدين إلى ملف شخصي اجتماعي لنشاطك التجاري تتطلع إلى زيادة عدد المتابعين عليه. عادة ما توجه الصفحة المقصودة المستخدمين إلى المرحلة الأخيرة من مسار التحويل ، سواء كان ذلك الانضمام إلى قائمة بريد إلكتروني أو زيارة الموقع الجغرافي لمتجر أو شراء منتج عبر الإنترنت. عند إنشاء صفحات مقصودة أو مواقع ويب، ضع في اعتبارك أفضل الممارسات التالية:

توصيل رسالة بوضوح. سينقر معظم الأشخاص على صفحتك المقصودة على الفور تقريبا. يجب أن تحتوي صفحتك على عنوان قوي يضفي قيمة الصفحة بإيجاز (لماذا يجب على المشاهد البقاء). يمكنك استخدام شعار عملك أو تقديم خصم. بغض النظر عن كيفية القيام بذلك ، تأكد من أن شخصا ما في جمهورك المستهدف ليس لديه تعرض سابق لعملك سيرغب في البقاء.

مرئيات نابضة بالحياة ونسخة مقنعة. يرتبط هذا باستراتيجية علامتك التجارية ككل - تأكد من أن العناصر المرئية (التي لا بد منها!) وألوان الصفحة المقصودة تنقل أجواء العمل. على سبيل المثال ، إذا كنت وكالة تصميم داخلي مخصصة ، فيمكنك اختيار اختيار الألوان الفاتحة والودية وصور العملاء وأعضاء الفريق السعداء. إذا كنت تقدم استشارات العمليات للعملاء من الشركات ، فيمكنك استخدام مجموعة ألوان أغمق وأكثر دقة مع مرئيات تعتمد على البيانات. بالإضافة إلى ذلك ، تأكد من متابعة عنوانك بكتابة موجزة ولكن قوية. الشهادات والصور مع العملاء ومرئيات الدليل الاجتماعي (أي شيء يخبرك أنك حقيقي ومحترف) كلها تعمل بشكل جيد.

عبارة قوية تحث المستخدم على اتخاذ إجراء. تدفع عبارة الحث على اتخاذ إجراء مشاهدي الصفحة إلى تنفيذ إجراء يدفعهم إلى أبعد من ذلك على طول مسار التحويل. على سبيل المثال ، "تنزيل" و "احصل عليه الآن" و "حجز مكالمة" كلها عبارة تحث المستخدم على اتخاذ إجراء. تأكد من أن عبارة الحث على اتخاذ إجراء في صفحتك المقصودة واضحة وأن جميع العناصر في الصفحة تقود المشاهدين إليها. يمكنك تقديم نوع من الخصم أو المكافأة لتشجيع الأشخاص على اتخاذ العبارة التي تحث المستخدم على اتخاذ إجراء.

تأكد من أن عملية الاشتراك في العبارة التي تحث المستخدم على اتخاذ إجراء ليست صعبة. من المؤكد أن النقر فوق "حجز مكالمة" ثم الاضطرار إلى ملء صفحات المعلومات الشخصية ، على سبيل المثال ، سيقلل بشكل كبير من معدلات الاشتراك حتى بمجرد النقر فوق زر الحث على اتخاذ إجراء. بدلا من ذلك ، قم بتبسيط وتقصير تجربة العميل قدر الإمكان بشكل معقول.

لقد استكشفنا الآن خطوات الصورة الكبيرة التي ينطوي عليها إنشاء مسار إعلانات مدفوع - أولا الإعلان ، ثم الصفحة المقصودة ، وأخيرا العبارة التي تحث المستخدم على اتخاذ إجراء والسلوك الناتج. سننتقدم الآن إلى وصف لأفضل منصات الإعلانات وأفضل الممارسات الجوهرية لكل منها.

إعلانات جوجل

إعلانات Google هي منصة إعلانات محرك البحث المثالية. إنه يقدم إعلانات ل 70,000 شخص يبحثون عن شيء ما على Google كل ثانية ولأربعة مليارات مستخدم بشكل عام.

يبلغ متوسط نسبة النقر إلى الظهور في إعلانات Google 2% ، مما يعني أن مستخدما واحدا من كل خمسين نقرة على إعلان عادي. يستخدم 1.2 مليون نشاط تجاري إعلانات Google ، بينما تحقق الشركات في المتوسط إيرادات بقيمة 2 دولار لكل دولار إعلاني تنفقه.

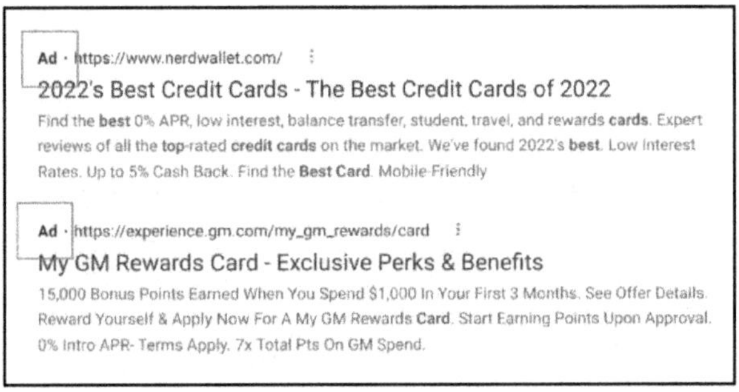

باختصار، تعد إعلانات Google أداة قوية لجميع أنواع الأنشطة التجارية. إعلانات Google مبنية على PPC، أو نموذج الدفع بالنقرة. هذا يعني أنك تدفع فقط عند النقر على إعلانك - إذا نقر 1 من كل 100 شخص على الإعلان، فأنت تدفع فقط مقابل نقرة واحدة، وليس مائة مشاهدة (المعروفة باسم مرات الظهور). ضع المصطلحات التالية في الاعتبار ليس فقط عندما يتعلق الأمر بإعلانات Google، ولكن جميع منصات إعلانات PPC:

- **A الكلمه الاساسيه** هي كلمة أو عبارة يبحث عنها المستخدمون الذين يشاهدون إعلانك.

- نسبة النقر إلى الظهور، والمعروفة باسم **الخطر** أو **سي تي دبليو**، هي نقرات مقسومة على مرات الظهور، أو عدد الأشخاص الذين نقروا على إعلانك مقابل عدد الأشخاص الذين شاهدوه (على سبيل المثال، إذا نقر واحد من كل مائة شخص على إعلان، فإن نسبة النقر إلى الظهور هي 1٪).

- **A محاوله** هو المبلغ الذي ترغب في دفعه مقابل كل نقرة. تعمل منصات الإعلانات مثل دور المزادات: نظرا لأن العديد من الأنشطة التجارية تتنافس على نفس الكلمات الرئيسية، فإن الإعلان الذي حصل على أعلى عرض سعر فقط هو الذي يحصل على الموضع.[14]

- الخاص بك **الحزب الشيوعي الصيني**، أو تكلفة النقرة، هي تكلفة الإعلانات مقسومة على عدد النقرات.

- **عائد الإنفاق الإعلاني**، أو عائد الإنفاق الإعلاني، يعادل إجمالي قيمة التحويل (على سبيل المثال، الوحدات المباعة أو العملاء الذين تم إنشاؤهم) مقسوما على إجمالي التكاليف. إنه مشابه بهذه الطريقة لعائد الاستثمار، على الرغم من أن تضع في اعتبارك أنه يعتمد على الإيرادات مقسومة على التكاليف وليس الربح.

---

[14] هذا تبسيط. التزم بها في الوقت الحالي، ولكن ضع في اعتبارك أن الجودة مهمة، وليس فقط سعر العرض.

مع وضع هذه البنود في الاعتبار، انتقل إلى ads.google.com لبدء استخدام "إعلانات Google". لاحظ أن Google تمنح 500 دولار كرصيد إعلان مجاني للمستخدمين لأول مرة الذين ينفقون 500 دولار على الإعلانات.

بمجرد الاشتراك باستخدام البريد الإلكتروني للنشاط التجاري، اتبع بعض خطوات الإعداد الموجزة. ستصل إلى صفحة "حان الوقت الآن لكتابة إعلانك".

عند كتابة نسخة، ركز على إبقائها بسيطة. لديك مساحة محدودة، لذا فكر في جمهورك المستهدف ورسالتك. قم بتضمين عبارة تحث المستخدم على اتخاذ إجراء، وتأكد من توافق إعلاناتك مع ما سيواجهه المشاهدون عند النقر على الإعلان والتقدم في مسار التحويل. استخدم الدليل الاجتماعي، وإذا كنت تنوي الإعلان محليا، فأوضح أنك تخدم منطقة محلية معينة.

في الصفحة التالية، اختر كلمات رئيسية محددة وذات صلة تتخيل أن شخصا مهتما بمنتجك أو خدمتك سيبحث عنها. بعد ذلك، حدد المواقع الجغرافية التي تريد عرض إعلانك فيها. إذا كنت تمثل نشاطا تجاريا له موقع فعلي، فانتقل إلى موقع محلي للغاية. إذا لم يكن الأمر كذلك، فاختر المناطق التي تمثل الديموغرافية التي تستهدفها.

أخيرا، اختر ميزانية معقولة (ابدأ صغيرا، ولكن ليس صغيرا بما يكفي بحيث يصعب قياس النتائج). بمجرد إضافة معلومات الدفع، فأنت جاهز للانطلاق! ما عليك سوى التأكد من تطبيق عرض الائتمان بقيمة 500 دولار أمريكي على حسابك (يمكن عرضه عند إضافة معلومات الدفع).

تتضمن خوارزمية إضافة Google نقاط الجودة في عروض الأسعار. لهذا السبب، قد تستغرق الحسابات والحملات الجديدة بعض الوقت للبدء والظهور - افهم أن هذا هو اكتشاف Google لجودة إعلانك، وليس أي خطأ من جانبك.

أثناء الاستمرار في استخدام "إعلانات Google"، ضع في اعتبارك الاستراتيجيات وأفضل الممارسات التالية:

- **عناوين وأوصاف اختبار A / B.** تدور اللعبة الإعلانية حول اختبار أكبر عدد ممكن من الإعلانات والكلمات الرئيسية بشكل معقول ، وفرزها لتحديد أفضل أداء. ولإجراء ذلك، يمكنك إجراء اختبارات A/B عن طريق إنشاء إعلانات جديدة تغير متغيرا واحدا فقط من الإعلانات الأفضل أداء. على سبيل المثال، إذا كان استهداف الأشخاص في كندا باستخدام عبارة البحث "شراء معدات الكاميرا" هو إعلانك الأفضل أداء، فجرب الإعلان باستخدام الكلمة الرئيسية نفسها في المملكة المتحدة. يعد اختبار الانقسام بهذه الطريقة بمرور الوقت ، بالإضافة إلى الطبقات على المجالات الديموغرافية ومجالات الاهتمام (على الأنظمة الأساسية الأخرى بالإضافة إلى Google) ، الصيغة المجربة والحقيقية لنجاح PPC على المدى الطويل.

- **تخلص من الكلمات الرئيسية والمواقع منخفضة الأداء بمرور الوقت.** من خلال اختبار الكثير من الكلمات الرئيسية وإزالة الكلمات الرئيسية ذات العائد الأقل باستمرار ، ستصل إلى الإعلانات الأكثر ربحية والأقل تكلفة.

- **الإعلان على الكلمات الرئيسية للمنافسين.** إذا بحث الأشخاص عن منافسين يقدمون منتجات أو خدمات مماثلة لمنتجاتك أو خدماتك ، فمن المحتمل أن يكونوا مهتمين بمنتجاتك وخدماتك أيضا. لذلك ، ما عليك سوى إضافة أسماء منافسيك ككلمات رئيسية سيتم عرض إعلاناتك عليها. عند استخدام هذه الاستراتيجية ، ركز على ما يميزك عن المنافسة في العناوين والأوصاف.

لاحظ كيف يتم تنفيذ هذه الاستراتيجيات في عرض ترويجي لكتاب أقوم بتشغيله حاليا (أدناه). يعمل الإعلان بمعدل نقرة ظهور منخفض بنسبة 1% وتكلفة نقرة منخفضة مماثلة تبلغ 0.05 دولار أمريكي. بالنظر إلى أن ما يقرب من 3% من النقرات يتم تحويلها إلى عملية بيع ومتوسط الربح المستمد من كل عملية بيع هو

3.5 دولار ، فإن الإعلان يحقق عائد إنفاق إعلاني للربح يبلغ 1.8 ، أو 1.8 دولار في إجمالي الربح لكل دولار يتم إنفاقه على الإعلان.

بالإضافة إلى هذه الاستراتيجيات الشاملة، إليك بعض الأدوات التي يمكن أن تساعدك في تحديد الكلمات الرئيسية وتحسين الإعلانات:

- **SEMrush**: بحث وتحليل قوي للكلمات الرئيسية.
- **SpyFu**: تتبع الكلمات الرئيسية وأبحاث المنافسين.
- **أجب على الجمهور**: شاهد ما يبحث عنه الأشخاص.
- **ClickStop**: منع الاحتيال فوق وانقر فوق المزارع.
- **Dashword**: تحسين نص الإعلان.

سأختتم بإعادة التأكيد على أن Google هي أكبر منصة إعلانية في العالم حتى الآن ، حيث ينقر مليارات المستهلكين على إعلاناتها. امنحها الوقت وافهم أن الربحية لا تعتمد فقط على الحظ عندما يتعلق الأمر بنجاح PPC ، بل على العمل الذي تضعه لتحسين الحملات.

إعلانات يوتيوب

بصفته موقع مشاركة الفيديو الرائد في العالم ، يسجل YouTube أكثر من مليارى زائر فريد شهريا. بالنسبة إلى إعلانات Google النصية ، يتيح لك YouTube الوصول إلى الجمهور بطريقة مرئية للغاية - وإذا تم إجراؤها بشكل صحيح ، فهي جذابة.

نظرا لأن Google تمتلك YouTube ، يمكن إعداد إعلانات YouTube على منصة إعلانات Google ، ويتيح لك YouTube الإعلان عن مقاطع الفيديو في نتائج بحث Google.[15] سنركز على إعلانات الفيديو داخل منصة YouTube.

يمكن استخدام إعلانات YouTube لزيادة التفاعل وزيادة نمو المشتركين على قناة YouTube ، أو (كما هو أكثر شيوعا) لدفع المشاهدين إلى مسار التحويل للتفاعل في النهاية مع نشاط تجاري معين. في حملتي أدناه ، لاحظ CPV الرخيص ، أو تكلفة المشاهدة. بشكل أساسي ، مقابل حوالي 100 دولار ، تمكنت هذه الحملة من مضاعفة متوسط عدد مشاهدات القناة في ذلك الوقت ، وعرض الإعلان على ما يقرب من 300000 شخص بالقرب من النشاط التجاري وراء القناة ، وتوليد جذب كبير للمشتركين.

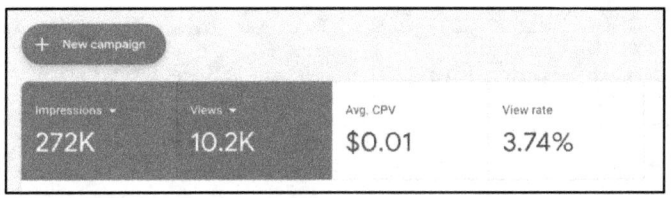

بدلا من ذلك ، لاحظ الحملة أدناه ، والتي تم تصميمها لإنشاء نقرات وجذب العملاء إلى موقع ويب. يمكن استخدام أي من هذه النماذج المتناقضة ، أو مزيج من الاثنين ، وفقا لأهداف استراتيجيتك الرقمية والاجتماعية.

---

15 بالإضافة إلى الإعلان عن الإعلانات النصية فقط داخل YouTube.

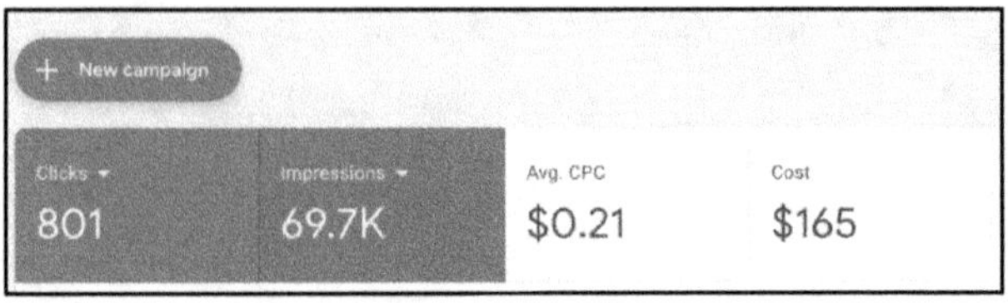

الآن ، لاحظ الأنواع المختلفة من إعلانات YouTube ، على النحو التالي:

إعلانات الفيديو القابلة للتخطي أثناء عرض الفيديو: يتم تشغيل هذه الإعلانات قبل (إعلان ما قبل التشغيل) أو أثناء تشغيل الفيديو (أثناء التشغيل) ويمكن تخطيها بعد خمس ثوان. كما هو الحال في نموذج PPC ، لا تدفع إلا إذا نقر المشاهد على الإعلان أو شاهد الفيديو بأكمله (إذا كان طوله أقل من ثلاثين ثانية) أو أول ثلاثين ثانية.

إعلانات الفيديو غير القابلة للتخطي أثناء عرض الفيديونظرا لأن معظم مشاهدي YouTube يتخطون الإعلانات تلقائيا عند علامة الخمس ثوان ، يقدم YouTube إعلانات غير قابلة للتخطي أثناء عرض الفيديو.: لا يمكن للمستخدمين تخطي هذه الإعلانات، التي يمكن أن تصل مدتها إلى 15 ثانية، وتشغيلها قبل الفيديو أو أثناءه. ومع ذلك ، يفرض YouTube رسوما على مرات الظهور للإعلانات غير القابلة للتخطي ، بدلا من كل نقرة أو لكل مشاهدة. لذلك ، يجب موازنة التكلفة المتزايدة للإعلانات غير القابلة للتخطي مقابل المشاركة المتزايدة.[16]

الإعلانات أثناء التصفح تظهر بجانب نتائج البحث بدلا من قبل الفيديو أو أثناءه. على عكس المشاهدين الذين يشاهدون الفيديو مباشرة ، لديهم خيار النقر عليه

---

[16] هناك أيضا إعلانات الملصقات الصغيرة ، وهي شكل من أشكال الإعلانات غير القابلة للتخطي التي يبلغ طولها 6 ثوان فقط. ونظرا لطول مدة الإعلان، فإن إعلانات الملصقات الصغيرة هي الأفضل لحملات الوصول إلى العلامة التجارية وحملات التوعية بها ، وليس للحملات التي تركز على الوصول إلى جمهور محلي أو بيع منتج.

وتوجيههم نحو الفيديو أو القناة المرتبطة. تسمح الإعلانات أثناء التصفح بثلاثة أسطر من النص بالإضافة إلى الفيديو، ولهذا السبب، فهي مفيدة للأنشطة التجارية التي لديها نسخة سريعة (خاصة النصوص البرمجية للنسخ التي عملت بشكل جيد على منصات الإعلانات الأخرى) وتركيز أقل على نهج الفيديو فقط.

لإعداد حملة أولية، سجل الدخول إلى حسابك على "إعلانات Google" أو اشترك في ads.google.com (تجدر الإشارة إلى أن الرصيد البالغ 500 دولار أمريكي (أو ما يعادله بالعملة المحلية) في حسابك على "إعلانات Google" يمكن أن ينطبق أيضا على إعلانات YouTube).

انقر على "حملة جديدة". اختر هدفا للحملة، تماما كما تفعل عند إعداد إعلان Google، وعند تحديد نوع الحملة، تأكد من اختيار "فيديو".[17] قد تحتاج إلى إعداد تتبع التحويل ، وهو تكامل بسيط لموقع الويب ، اعتمادا على الهدف الذي تختاره.

بعد ذلك، حدد النوع الفرعي للحملة (أحد أنواع الإعلانات الموضحة أعلاه). تجاهل "خارج البث" و"تسلسل الإعلانات" في الوقت الحالي. اختر لغة الإعلان ، والمواقع التي تريد الإعلان فيها ، وهدف الحملة (الذهاب مع التحديد التلقائي أمر جيد ، ولا حاجة لتعيين تكلفة مستهدفة لكل إجراء كمستخدم لأول مرة) ، وميزانيتك.

يمكنك الآن إنشاء جمهور مخصص يتضمن الخصائص الديمغرافية والاهتمامات وتجديد النشاط التسويقي (على سبيل المثال، المستخدمون الذين تفاعلوا بالفعل مع المحتوى أو موقع الويب الخاص بك). صمم جمهورك المخصص حول الجمهور المستهدف الذي حددته لعملك في قسم استراتيجية العلامة التجارية. تأكد من عدم الإفراط في التحديد ، وإلا فسيكون مدى وصول الإعلان محدودا. بالنسبة إلى المواضع - إذا كنت جديدا في مجال الإعلان عبر الإنترنت ، فقم بإلقاء شبكة واسعة من خلال بضع عشرات من الكلمات الرئيسية والموضوعات والمواضع التي تناسب جمهورك المستهدف. ستقوم Google بذلك نيابة عنك

---

[17] يمكنك أيضا الوصول مباشرة إلى صفحة إعداد إعلانات الفيديو عن طريق البحث في Google عن "إعلانات youtube".

استنادا إلى محتوى الفيديو الذي تعلن عنه ، بحيث يمكنك أيضا اختيار ترك المواضع ك "أي".

قد تحتاج إلى إضافة محتوى لإعلان بانر مصاحب - إذا كان الأمر كذلك ، فما عليك سوى السماح ل Google بإنشائه تلقائيا نيابة عنك. أخيرا ، تأكد من اختيار عبارة قوية تحث المستخدم على اتخاذ إجراء وعنوانا للعرض أسفل إعلان الفيديو.

أنت الآن جاهز للنقر على "إنشاء حملة". من المفترض أن يبدأ عرض إعلانك في غضون ساعات قليلة. ضع هذه الاستراتيجيات والنصائح في الاعتبار أثناء متابعة تشغيل إعلانات YouTube:

تأكد من **ربط حسابك على "إعلانات Google" بقناتك على YouTube**. للقيام بذلك ، انقر فوق "الأدوات والإعدادات" و "الإعداد" و "الحسابات المرتبطة".

اضبط إعلانات YouTube على غير مدرجة. يجب تحميل إعلانات YouTube إلى YouTube. إذا كنت تنوي استخدام مقاطع الفيديو للإعلانات ولكنك لا تريد نشرها على قناتك الرئيسية ، فما عليك سوى تعيين مستوى الرؤية على "غير مدرج" في إعدادات الفيديو. بالإضافة إلى ذلك، يمكنك تنزيل استوديو YouTube وتطبيقي "إعلانات Google" للحصول على إحصاءات أثناء التنقل.

في دراسة أجرتها Unskippable Labs ، **تم العثور على إعلانات YouTube القابلة للتخطي لمدة 30 ثانية للحصول على أعلى معدل مشاهدة (VTR).** أول خمس ثوان أو نحو ذلك هي الأكثر أهمية - ركز الإعلان على عرض القيمة أو العرض التقديمي أو الشعار أو العرض المقدم في تلك الفترة الزمنية الأولية.

تصميم الإعلانات خصيصا للعرض على الأجهزة الجوالة أو أجهزة كمبيوتر سطح المكتب. يجب أن تحتوي إعلانات عرض الجوال على نصوص كبيرة وواضحة وعناصر رسومية. يخصص سطح المكتب مساحة أكبر للعناصر الإبداعية وميزات التصميم.

الاستفادة من تجارب الحملات. تتيح تجارب الحملات الإعلانية (على غرار اختبار A / B على Facebook ، كما هو قادم) للمستخدمين نسخ الإعلانات وتغيير متغير واحد أو عدة متغيرات. يتيح لك ذلك اختبار مدى تأثير تغيير متغيرات معينة، مثل الكلمات الرئيسية أو الصفحات المقصودة أو الجماهير، على أداء الإعلان.

الجودة تفوز. وكذلك الأصالة. تمثل الجودة والأصالة نهجين متناقضين للإعلانات - على سبيل المثال ، إعلان يشبه Superbowl مع ممثلين مشهورين ، ومجموعات معقدة ، وتأثيرات بصرية مقابل شخص يسجل على جهاز iPhone 6 في غرفة المعيشة الخاصة به. يعمل كلا الموضوعين - خذ بعض الوقت للتفكير في نوع موضوع الإعلان الشامل وأسلوبه الذي يناسب علامتك التجارية ويتواصل مع جمهورك بأفضل طريقة ممكنة. دائما ما يكون جلب المساعدة الخارجية لإنشاء إعلانات رائعة هو الخطوة الصحيحة.

تعلم من المنافسين ومن نفسك. إذا كان المنافسون الذين يقدمون منتجات أو خدمات مماثلة لمنتجاتك أو خدماتك يعرضون إعلانات YouTube لبعض الوقت ، فمن المحتمل أن يكون لديهم شيء ما قد اكتشف. استخدم إعلاناتهم كنقطة بيانات عند التفكير في كيفية تصميم إعلاناتك وحملاتك. بالإضافة إلى ذلك ، إذا وجدت نجاحا على منصات إعلانية أخرى ، فقم بدمج هذه الدروس المستفادة في عملية إنشاء إعلانات YouTube وتحسينها. من الأفضل النظر إلى أنشطتك التسويقية المجمعة (خاصة بين منصات الإعلانات الرقمية) على أنها شبكة تتعلم بشكل كبير ما ينجح وما لا ينجح بمرور الوقت.

لقد قمنا الآن بتغطية إعلانات YouTube - التالي هو عملاق الإعلانات الاجتماعية.

فيس بوك اعلان

على الرغم من أن Google قد تكون منصة إعلانات محرك البحث (المتصفح) المثالية ، إلا أن Facebook هو النظام الأساسي الكلاسيكي لإعلانات الوسائط الاجتماعية. لدى Facebook ما يقرب من ثلاثة مليارات مستخدم نشط شهريا ، في حين أن متوسط معدل التحويل (CTR) لإعلانات Facebook يبلغ حوالي 9٪ ، وقال 41٪ من تجار التجزئة الذين شملهم الاستطلاع إن عائد النفقات الإعلانية الخاص بهم كان الأعلى على Facebook. يعد Facebook أيضا منصة إعلانية قوية من حيث أنه يوفر مجموعة من الأدوات للسماح للمعلنين باستهداف الأشخاص الذين يسعون للوصول إليهم بدقة ، مثل من خلال الاهتمامات والسلوكيات والتاريخ وما إلى ذلك. في حين أن قابلية استهداف إعلانات Facebook قد انخفضت في الآونة الأخيرة بسبب مخاوف تتعلق بالخصوصية ، إلا أنها لا تزال تقدم أدوات استهداف قوية للغاية مقارنة بمعظم منصات الإعلانات الرئيسية.

يتم دمج إعلانات Facebook مع Instagram (نظرا لأن Meta ، Facebook سابقا ، تمتلك كلا من Facebook و Instagram) إلى الحد الذي يمكن فيه تشغيل الإعلانات التي تم إنشاؤها من خلال Facebook في وقت واحد على Instagram.

أخيرا ، يحتوي Facebook على "Meta pixel" (سابقا Facebook pixel) وهو جزء من التعليمات البرمجية المضافة إلى موقع الويب الخاص بك. يتيح لك ذلك تتبع الإجراءات التي يتخذها العملاء من خلال إعلانات Facebook بشكل فعال لمراقبة التحويلات ومقاييس الحد الأدنى بشكل أفضل. يتيح لك بيكسل Facebook أيضا إعادة استهداف العملاء لاحقا ، حيث يتتبع إجراءاتهم بمجرد زيارتهم لموقعك على الويب ويجمع تلك البيانات لتحسين الإعلانات تلقائيا. يمكن حتى إعداد وحدات البكسل على موقع الويب الخاص بك حتى قبل البدء في استخدام إعلانات Facebook.

للقيام بذلك ، انتقل إلى "مدير الأحداث" ضمن "جميع الأدوات" في business.facebook.com. انقر فوق "توصيل مصادر البيانات" ، "الويب" ، ثم حدد "Meta Pixel". انقر على اتصال، ثم أدخل اسما وأدخل عنوان URL لموقعك على الويب. ستتمكن من الاتصال تلقائيا ب WordPress. إذا اخترت استخدام أي مزود موقع ويب آخر غير WordPress ، فابحث عن برنامج تعليمي حول كيفية تثبيت البكسل يدويا في هذا النظام.

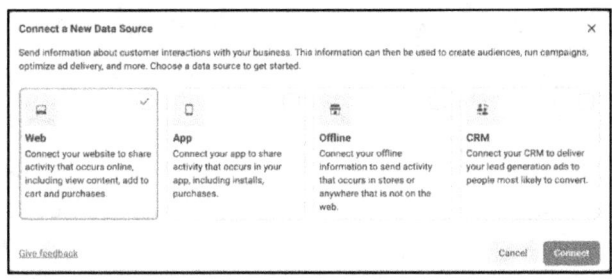

بمجرد دمج البيكسل، يمكنك إعداد الأحداث. الأحداث هي الإجراءات التي يتخذها الأشخاص على موقعك على الويب، مثل شراء منتج أو الانضمام إلى قائمة بريد إلكتروني أو حجز اجتماع. على الرغم من أنه يمكنك إعداد الأحداث يدويا، إلا أنه من الأسهل القيام بذلك من خلال أداة إعداد الأحداث، والتي يمكن العثور عليها في مدير أحداث ميتا.

بعد تثبيت البيكسل بشكل صحيح وإنشاء الأحداث، دعنا نستكشف النظام الأساسي لإعلانات فيسبوك وإعداد الحملة.

تأكد من تسجيل الدخول إلى حساب الأعمال الخاص بك على فيسبوك. بعد ذلك ، قم بزيارة facebook.com/adsmanager/manage/campaigns ، والذي ينقلك مباشرة إلى مدير الإعلانات. تأكد من تنزيل تطبيق مدير إعلانات Meta لتحليلات الجوال.

بعد ذلك ، انقر فوق الزر "إنشاء" ضمن الحملات واختر هدف الحملة. تختار معظم الشركات الصغيرة المبيعات أو العملاء المحتملين أو الوعي. بمجرد

اختيارك ، ستتم إعادة توجيهك إلى صفحة الحملة الجديدة. تعمل إعلانات Facebook على المستويات الثلاثة التالية:

الحملات حدد أهداف المستوى الأعلى لإعلاناتك، مثل الهدف، واجعل من السهل تجميع الحملات المختلفة حسب الغرض المحدد لها.

المجموعات الإعلانية هي مستوى واحد أقل من الحملات وتحدد جمهورا معينا يتم عرض الإعلانات عليه. هنا ، ستقوم أيضا بتعيين الميزانية والجدول الزمني وعروض الأسعار.

أخيرا ، أ **الاعلان** هو ما يراه العملاء. على مستوى الإعلان، ستضيف نصا ومرئيات وزر دعوة لاتخاذ إجراء.

| Campaigns | Ad sets | Ads |

لذلك، يمكن أن تحتوي كل مجموعة إعلانية على إعلانات متعددة، ويمكن أن تحتوي كل حملة إعلانية على مجموعات إعلانية متعددة. أثناء الإعداد، ستتم مطالبتك بإنشاء حملة إعلانية واحدة ومجموعة إعلانات واحدة وإعلان واحد.

بالعودة إلى شاشة إعداد الحملة، اختر اسما، واحتفظ بإيقاف تشغيل "اختبار A/B" (لأنه من الأسهل القيام بذلك في شريط أدوات مدير الإعلانات)، وقم بتشغيل "ميزانية الحملة المميزة" واضغط على التالي.

الآن ، في صفحة إنشاء المجموعة الإعلانية ، يمكنك تحديد الجمهور الذي تريد الوصول إليه. قم بتوصيل البيكسل وتشغيل "التصميم الديناميكي" وتعيين ميزانية. من الأفضل تقسيم ميزانيتك عبر العديد من الإعلانات (للانتقال في النهاية إلى الإعلانات الأفضل أداء) بدلا من إنفاقها كلها على إعلان واحد. بعد ذلك ، اختر جمهورك. يمكن تخصيص الجماهير بناء على الموقع والعمر والجنس والاتصالات والمعلومات السكانية والاهتمامات واللغات والسلوكيات. مرة أخرى ، تتعلق

الإعلانات حقا بالتجريب ، لذا يجب أن تهدف إلى اختبار مجموعة متنوعة من الجماهير بمرور الوقت. في الوقت الحالي ، قم بتخصيص الجمهور للنوع العادي من العملاء الذين تخدمهم. لا تشعر بالحاجة إلى استخدام جميع خيارات الاستهداف - إذا لم تكن قاعدة عملائك متحيزة تجاه جنس معين ، على سبيل المثال ، اتركها ببساطة على أنها "جميع الأجناس". في حين أنه من الأفضل عادة الحفاظ على اختيار الجمهور محددا لتبدأ به ، تأكد من أن الجمهور الذي اخترته ليس صغيرا جدا. إذا لم يكن الأمر كذلك ، فلن تتمكن من إنشاء مرات ظهور كافية أو تحويلات ذات مغزى. استمر في تشغيل "ميزة الاستهداف التفصيلي" وتأكد من حفظ الجمهور لمزيد من الاستخدام واختبار A / B. اترك "هدف التكلفة لكل نتيجة" فارغا في الوقت الحالي.[18]

يمكنك الآن التقدم إلى صفحة إعداد الإعلان. تأكد من صحة حسابات Facebook و Instagram المتصلة. بعد ذلك ، اختر التنسيق ، ولاحظ أن "الرف الدائري" هو الأفضل لعرض صور أو مقاطع فيديو متعددة توضح بالتفصيل عروضك أو عملك.

إعلانات PPC للوسائط المخصصة هي الأفضل - كما هو الحال مع إعلانات YouTube ، يلاحظ الأشخاص رسومات وصور ومقاطع فيديو عالية الجودة. والأهم من ذلك ، أن الجميع تقريبا سوف ينتقلون على الفور إلى ما بعد السيئين. ركز على البساطة والمرئيات الجذابة. كما هو الحال دائما ، تأكد من دمج عناصر استراتيجية علامتك التجارية.

عند تصميم إعلانك وكتابة نسخة ، فكر في عرض القيمة للإعلان - فأنت بحاجة إلى شيء لزج أو جذاب لدرجة أن الأشخاص سيحققون فيه بالتأكيد. قد يكون هذا خصما كبيرا أو منتجا فريدا أو خدمة محلية أو رسالة مؤلمة للقلب. مهما كان ، تأكد من توضيحه في العنوان والنص الأساسي والرسومات. مواصفات الإعلان هي كما يلي:

---

18 نظرا لأن التكلفة لكل نتيجة تختلف اختلافا كبيرا ، فمن الأفضل تحديد هدف فقط بعد إنشاء خط أساس.

- **الإعلانات المصورة:** الحجم: 1200 × 628 بكسل. النسبة: 1.91: 1.
- **إعلانات الفيديو:** حجم الملف: 2.3 غيغابايت كحد أقصى. حجم الصورة المصغرة: 1200 × 675 بكسل.
- **الإعلانات الدوارة:** حجم الصورة: 1080 × 1080 بكسل.
- **إعلانات عرض الشرائح:** الحجم: 1,289 × 720 بكسل. النسبة: 2: 3 ، 16: 9 ، أو 1: 1.

تأكد من ملء الخيارات الخمسة الممكنة لنص العنوان والوصف (مرة أخرى ، اعمل للخلف لتحديد أفضل المؤدين من مجموعة بداية قوية). لا تذهب الكلمات الرئيسية الثقيلة أو تحاول أن تبدو مفرطة في clickbaity - فقط قم بتوصيل القيمة الخاصة بك.

أخيرا ، اختر زر دعوة لاتخاذ إجراء ذي صلة. بمجرد الانتهاء من ذلك ، تكون قد نجحت في إنشاء حملة إعلانية ومجموعة إعلانية وإعلان. كل ما تبقى هو النقر فوق نشر.

اتبع نفس الإستراتيجية الموضحة في قسم إعلانات Google المتمثلة في تقسيم ميزانيتك عبر العديد من الإعلانات والمجموعات، وإزالة الأداء المنخفض، واختبار "أ/ب" لأصحاب الأداء الأفضل، ومتابعة هذه العملية بمرور الوقت (أو إلى الحد الذي يخدم نشاطك التجاري على أفضل وجه). في النهاية ، إليك بعض النصائح السريعة التي يجب مراعاتها:

- إنشاء إعلانات Facebook Canvas - على الرغم من الجهد العالي في إنشائها ، فقد ثبت أنها تزيد من التفاعل.
- زيادة ظهور المنشور من خلال هدف "المشاركة".
- استفد من أداة "الجمهور المشابه".

- اختر وضع الإعلانات على سطح المكتب أو الجوال فقط (أيهما يناسب مسار التحويل الخاص بك بشكل أفضل).

هذا يختتم إعلانات الفيسبوك. لاحظ أن تغييرات الخصوصية تجبر Facebook على تحديث آليات التتبع الخاصة به في كثير من الأحيان. سيتم تحديث هذا الكتاب كل عام ليعكس الظروف الحالية بأكبر قدر ممكن من الدقة ولكن مع فهم أن عملية الإعداد قد تختلف بمرور الوقت.

إعلانات انستغرام

يتم عرض إعلانات فيسبوك تلقائيا على Instagram. يتعلق هذا القسم بميزة "المنشورات المروجة" على Instagram، مما يتيح للمستخدمين الترويج لمنشورات Instagram كما لو كانت إعلانات. تعد إعلانات Instagram طريقة رائعة لزيادة التعرض واكتساب متابعين بسرعة على Instagram.

للترويج للمنشورات، سجل الدخول إلى حساب Instagram (احترافي) للنشاط التجاري. انتقل إلى "أدوات الإعلان" وانقر على "اختيار مشاركة". اختر المنشور الذي تريد الترويج له ـــ إذا لم تكن قد ربطت حسابك على Instagram بعد بصفحة فيسبوك الخاصة بنشاطك التجاري، فقد حان الوقت الآن.

بعد ذلك ، حدد هدف الإعلان ، وخصص الجمهور الذي تريد الوصول إليه ، واختر ميزانيتك. سيبدأ عرض إعلانك قريبا، وابق على اطلاع دائم بالتحليلات إما من خلال زر التحليلات في كل منشور أو زر "أدوات الإعلان".

إذا كان لديك متجر Instagram مرتبط بصفحتك، فيمكنك الإشارة إلى منتجاتك في منشور، ثم ترويج هذا المنشور لتضمينها في إعلان.

على الرغم من أنه من غير المحتمل أن تقدم إعلانات Instagram نتائج غير متماثلة مقارنة بمنصات مثل Google أو Facebook ، إلا أنها مستقرة ومتسقة بشكل ملحوظ في النتائج التي تقدمها ، وكما هو مذكور ، فهي طريقة رائعة لزيادة التعرض وزيادة عدد المتابعين.

ضع في اعتبارك التحليلات من ترقية ما بعد صغيرة من الألغام. ولدت 200 دولار من الإنفاق الإعلاني حوالي 1,400 إعجاب و 70 مشاركة و 5,881 زيارة للملف الشخصي ، والتي تحولت إلى عدة مئات من المتابعين الجدد. على حساب صغير نسبيا ، كان هذا بمثابة دفعة كبيرة لنمو الصفحة وعرض المنشور.

لسوء الحظ ، لا يقدم Instagram حاليا مكافآت لمستخدمي إعلانات Instagram لأول مرة. إذا كنت ترغب في الحصول على رصيد لإنشاء إعلان من خلال Facebook يمكن مشاركته على Instagram (بدون ميزة المشاركة والتعرض للترويج لمنشور) ، فارجع إلى قسم إعلانات Facebook.

لقد قمنا الآن بتغطية منصات الإعلانات الرئيسية: Facebook و Instagram و Google و YouTube. سنستكشف الآن المستوى الثاني من منصات الإعلانات: Nextdoor و TikTok و Pinterest و Snapchat و Amazon.

إعلانات نكستدور

تمت كتابة هذا القسم بنظرة ثاقبة من Blake Martin ، الذي استخدم Nextdoor Ads لتنمية أعماله في مجال الرسم على الرصيف إلى ربح من ستة أرقام كطالب في المدرسة الثانوية.

المجاور هي أداة قوية للتواصل وتوليد العملاء المحتملين للشركات التي تخدم العملاء المحليين. يضم Nextdoor 70 مليون مستخدم ، ويستفيد من المجتمع لمساعدة الشركات على النمو - في الواقع ، يتسوق 88% من الأشخاص في شركة محلية مرة واحدة على الأقل في الأسبوع ويقول 44% إنهم على استعداد لإنفاق المزيد في الشركات المحلية. لذا ، فإن الاستفادة من Nextdoor كمكبر صوت للوصول إلى مجتمعك المحلي من خلال الإعلانات والمحتوى العضوي أمر حتمي للغاية للشركات التي لها مواقع فعلية أو تخدم مجتمعا محليا.

سندرس العديد من تقنيات التوعية التي ثبت أن لها تأثيرا مفيدا على العديد من الشركات الصغيرة. يجب على جميع الشركات إعداد صفحة أعمالها ومشاركة منشور أولي يقدم أعمالهم على منصة Nextdoor ؛ إذا كان نشاطك التجاري يقدم عناصر منخفضة التكلفة ويستفيد أكثر من قاعدة عملاء محلية متكررة ، فإن نشر المحتوى العضوي بانتظام يعد استراتيجية أساسية (بالنسبة إلى الإعلان ، والتي سنستكشفها أكثر).

ضمن المنشور الأولى ، اتبع إما تنسيق *بيع نفسك* أو طريقة بيع *عميلك*. طريقة *بيع نفسك* كلاسيكية ، لكنها فعالة على الرغم من ذلك. ابدأ بتقديم عملك إلى المجتمع بطريقة أنيقة (قم بدمج قصتك قدر الإمكان) ثم اذكر ما يميزك كنشاط تجاري بالنسبة للآخرين داخل مجتمعك (قم بتضمين العناصر المرئية ذات الصلة). كمثال على السطر الأول:

"مرحبا ، اسمي دايغان. أنا مصفف شعر في سان فرانسيسكو متخصص في حل تساقط الشعر ".

| الإعلان |

لدى Nextdoor جمهور أقدم من تطبيق الوسائط الاجتماعية النموذجي ، لذلك برز Daegan من خلال توفير حل لمشكلة شائعة بين التركيبة السكانية الأكبر سنا. يعتمد تكرار هذا في عرض Nextdoor الخاص بك على المكان الذي تعيش فيه - ما عليك سوى تحليل الفئات العمرية والتركيبة السكانية في مجتمعك.

ضمن المنشور ، قم أيضا بتضمين أسعار منتجك / خدمتك وإغلاقها بمعلومات الاتصال وموقع المتجر (إذا كان ذلك مناسبا) ، بالإضافة إلى الخصومات أو المكافآت. يمكنك التفكير في منشور Nextdoor الأولي هذا كجزء من مسار التحويل الخاص بك: الهدف هو حث الأشخاص على التفاعل مع المنشور ومتابعة العبارة التي تحث المستخدم على اتخاذ إجراء.

تنسيق المنشور الثاني ، المسمى *طريقة بيع عميلك* ، يدور حول جعل عميلك يفكر في الفوائد التي سيختبرها من منتجاتك أو خدماتك. على سبيل المثال ، على عكس Daegan الذي يصف نشاطه التجاري ببساطة ، يمكنه نشر صورة قبل وبعد علاج تساقط الشعر. من خلال وصف عميل منتظم وكيف يحل مشاكله ، سيتفاعل الأشخاص الذين يتناسبون مع ملف تعريف العميل المستهدف بقوة - في جوهره ، اجعل المشاهد يفكر فيما يمكن أن يفعله منتجك / خدمتك لهم من خلال الإشارات المرئية والشهادات واللغة الجذابة.

الأهم من ذلك ، تأكد من أن مشاركاتك تحكي قصة. في Nextdoor ، لا تريد أن تبدو كإعلان عام ، ولكن في الوقت نفسه ، لا تجعل عملك يبدو وكأنه هواية. بدلا من ذلك ، أخبر قصة ذات صلة ومهنية وجذابة تنتهي بدعوة للعمل. تأكد من التفاعل بمجرد مشاركة المنشور - فالرد على التعليقات يقطع شوطا طويلا في تقوية الاتصالات.

باختصار ، ستندهش من التأثير الذي يمكن أن يحدثه منشور Nextdoor قوي واحد على عملك. تميل تطبيقات مثل Nextdoor إلى تجسيد تأثير كرة الثلج - إذا انفجر منشورك ، فسيشعر الجميع داخل المجتمع بأنهم ملزمون بإعطاء عملك فرصة ، مدفوعا ب FOMO والرغبة في دعم رواد الأعمال المحليين.

بالإضافة إلى المحتوى العضوي ، يعد الإعلان عبر Nextdoor أداة قوية مثالية للشركات التي تبيع سلعا أو خدمات عالية التكلفة. لاحظ أن إعلانات Nextdoor لا تعمل على نموذج PPC - بدلا من ذلك ، تدفع مقدما ، وتختلط الإعلانات مع المحتوى العضوي في علامة التبويب "الصفحة الرئيسية" في Nextdoor. نظرا لأن Nextdoor يعرض للمستخدمين عددا قليلا نسبيا من الإعلانات مقارنة بمعظم المنصات الاجتماعية الأخرى ، فعادة ما تكون التحويلات أفضل حتى لو كان التتبع والتحليلات أسوأ.

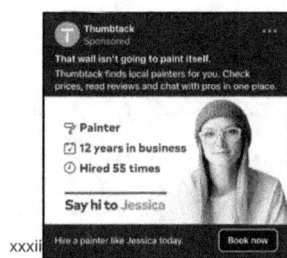
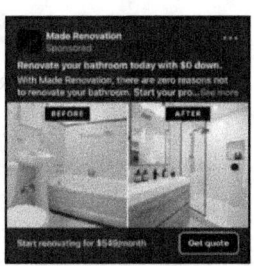

xxxii

للبدء ، قم بزيارة business.nextdoor.com. انقر فوق "المطالبة بصفحة عملك المجانية" وتأكد من تسجيل الدخول باستخدام حساب Nextdoor الشخصي الخاص بك. أدخل الاسم والعنوان والفئات (اختر متعددة!) للنشاط التجاري. عند النقر فوق "إنشاء صفحة" ، سيتم توجيهك إلى صفحة إنشاء الإعلانات. اختر هدفا لحملتك: "الحصول على المزيد من الرسائل المباشرة" هو الأفضل للأنشطة التجارية التي تبيع سلعا باهظة الثمن أو مبنية على العملاء المحتملين ، و "زيادة زيارات موقع الويب" هو الأفضل لنشاط تجاري يبيع مجموعة من المنتجات عبر الإنترنت ، و "الترويج لعملية بيع أو خصم" هو الأفضل ، كما قد يتم تخمينه ، عندما يكون لديك بيع قوي أو حافز للترويج. بناء على هدف الحملة الذي تختاره، أكمل الخطوة التالية:

احصل على المزيد من الرسائل المباشرة. اكتب بعض المطالبات المخصصة التي توضح بالتفصيل الأسئلة الشائعة والأسئلة التي من المحتمل أن يطرحها العملاء المحتملون. املأ ما لا يقل عن ثلاثة ولا يزيد عن سبعة.

الترويج لعملية بيع أو خصم وزيادة زيارات الموقع. بالنسبة إلى محتوى الإعلان، ركز على مدى الصلة والتفرد. حدد أهم نقاط البيع والشعارات من قسم هوية العلامة التجارية (للعنوان) ، واستخدم الاستطلاعات والإحصاءات والشهادات كدليل اجتماعي (للصورة). تأكد من انتقال رابط النقر إلى الظهور إلى صفحة مقصودة محسنة وأن زر الحث على اتخاذ إجراء يتناسب مع الصفحة المقصودة.

بعد ذلك ، ضع في اعتبارك المنطقة التي تتطلع إلى تسويق إعلاناتك طوال الوقت. للقيام بذلك ، قم بتحليل المكان الذي يعيش فيه عملاؤك الحاليون ، وكيف يعثرون عليك ، وإلى أي مدى سيكونون على استعداد للقيادة لمنتجك أو خدمتك. عادة ما يكون البدء محليا والتوسع بمرور الوقت هو السبيل للذهاب.

أخيرا ، قم بتعيين الميزانية ، وانقر فوق نشر. نظرا لأن إعلانات Nextdoor لا تستند إلى نموذج PPC ، فإن ترقية الحملات الإعلانية وتحسينها بمرور الوقت هي إلى حد كبير مسألة تشغيل العديد من الإعلانات منخفضة التكلفة (3 دولارات - 10 دولارات في اليوم) ونقل الإنفاق الإعلاني بمرور الوقت نحو أفضل أداء.

لقد فعلت Nextdoor حقا المعجزات لعملي ، وأنا أؤمن إيمانا راسخا بأنها يمكن أن تفعل الشيء نفسه للعديد من الشركات التي تعتمد على مجتمعها المحلي للنمو والازدهار. ربما يكون جارك أفضل عميل لك بعد كل شيء!

إعلانات تيك توك

تيك توك اجتاحت عالم الإعلانات مؤخرا ، ويتحدث العديد من البائعين عبر الإنترنت عنه على أنه اندفاع ذهبي. تعمل إعلانات TikTok بشكل أفضل مع الشركات التي تتطلع إلى استهداف الجماهير التي تقل أعمارهم عن 30 عاما بالمنتجات أو الخدمات التي يتم تقديمها عبر الإنترنت (على سبيل المثال ، لا تحاول الإعلان محليا على TikTok). يتم توزيع إعلانات TikTok عبر تطبيقات أخرى في شبكة TikTok ، ولا سيما Pangle و BuzzVideo.

جميع إعلانات TikTok قصيرة الشكل وموجهة رأسيا. يعمل القصير للغاية بشكل أفضل ، لذلك تحت علامة 15 ثانية (على الرغم من أن الأقصر غالبا ما يكون أفضل). جذابة بصريا ، وكذلك الرسائل لكمة ، أمر لا بد منه.

عند إعداد حملتك الأولى ، ستتم مطالبتك ضمن "إنشاء جديد" باختيار مواضع الإعلانات: يمكنك إما اختيار الموضع التلقائي ، حيث يختارك TikTok ، أو الانتقال يدويا وتحديد المكان الذي تريد عرض إعلاناتك فيه. من الأفضل في البداية إما استخدام المواضع التلقائية أو اختبار مجموعة متنوعة من المواضع اليدوية بميزانية محدودة. يمكنك بعد ذلك إنشاء جماهير مخصصة كما تفعل على Facebook (لاحظ أن "المجموعات الإعلانية" في TikTok تعادل "المجموعات الإعلانية" على Facebook). لاحظ أن TikTok يحتوي على بكسل مشابه لبكسل Facebook.

كملاحظة أخيرة ، لا أوصي بدفع مقاطع فيديو TikTok كإعلانات لمجرد زيادة التعرض وزيادة عدد المتابعين. ليس من الصعب النمو على TikTok من خلال المحتوى العضوي مقارنة بكل منصة اجتماعية أخرى تقريبا ، كما أن الوصول إلى أي مكان قريب من التعادل من خلال الإعلانات المصممة لزيادة

| الإعلان

التعرض أمر غير قابل للتصديق. لقد عملت مع شركة واحدة كانت تضع آلاف الدولارات في إعلانات TikTok لهذا الغرض بالضبط - حسابها ، على الرغم من التحقق منه ووجود فريق اجتماعي كبير ، ركض على الأرض ولم يجمع سوى بضع مئات الآلاف من الإعجابات ، مما ترجم إلى أقل من 10 آلاف متابع وخسارة شبه كاملة من حيث عائد النفقات الإعلانية.

بدلا من ذلك ، استفد من إعلانات TikTok داخل الخلاصة لتشجيع المستخدمين على زيارة صفحة مقصودة. انطلق في getstarted.TikTok.com

إعلانات بينتيريست

بينتيريست الإعلانات هي الأفضل للشركات ذات المحتوى والعروض المرئية للغاية ، وغالبا ما تحتوي على بعض السمات المركزية للتصميم. معظم إعلانات Pinterest عبارة عن "دبابيس مروجة" تظهر في الخلاصات جنبا إلى جنب مع الدبابيس العادية. تعد الإعلانات الدوارة المروجة بديلا جذابا للدبابيس التي يتم الترويج لها. يحتوي Pinterest على ما يعادل بكسل Facebook ، يسمى علامة Pinterest ، لذا تأكد من تثبيته داخل موقع الويب الخاص بك قبل إطلاق الحملات الإعلانية. بعد ذلك ، ابدأ في business.pinterest.com ، وتأكد من اتباع ممارسات التحسين الموضحة حتى الآن.

إعلانات سناب شات

سناب شات الإعلانات هي الأفضل للأنشطة التجارية التي تبيع منتجاتها أو خدماتها عبر الإنترنت وتتطلع إلى استهداف التركيبة السكانية الأصغر سنا. معظم إعلانات Snapchat عبارة عن مقاطع فيديو قصيرة تظهر داخل التطبيق وتشجع المستخدمين على التمرير لأعلى وزيارة رابط يقدمه المعلن. يبلغ طول هذه الإعلانات من 3 إلى 10 ثوان فقط ، لذا يجب أن تحزم لكمة كبيرة في الوقت القصير المخصص. إذا كانت إعلانات Snapchat تناسب عملك ، فكر مليا في كيفية تحويل رسائلك إلى تنسيق فيديو قصير. انطلق في ads.snapchat.com.

إعلانات أمازون

الامازون لا يمكن استخدام الإعلانات إلا من قبل البائعين للإعلان عن المنتجات التي أدرجوها بالفعل على Amazon. إذا كانت لديك منتجات مدرجة على Amazon ، ففكر في دمج إعلانات Amazon في استراتيجيتك الرقمية لتعزيز تصنيفات المنتجات وإنشاء مراجعات ، خاصة على المنتجات التي تم إطلاقها حديثا. تقدم أمازون عدة أنواع متناقضة من الإعلانات - المنتجات المدعومة وإعلانات الماركات المدعومة وإعلانات الفيديو (إعلانات الفيديو ، على وجه الخصوص ، لا تتطلب منك الإعلان عن منتج يباع على أمازون). أوصي فقط بالاستفادة من إعلانات المنتجات والعلامات التجارية المدعومة إذا كنت تبيع منتجات على Amazon - وإلا ، فالتزم بإعلانات Google و Facebook و YouTube للمنتجات والخدمات التي لا يتم بيعها من خلال Amazon. عند القيام بذلك ، لاحظ أن Amazon تستخدم نموذج PPC مشابها للمنصات التي تم فحصها حتى الآن. ما عليك سوى اتباع أفضل الممارسات وزيارة advertising.amazon.com للبدء.

إليك ما يبدو عليه يوم حملة إعلانات Amazon المحسنة (بيع منتج بقيمة 9 دولارات أو نحو ذلك):

Spend	×	Sales	×	Impressions	×	Clicks	×	ACOS	×
$31.14 TOTAL		$101.50 TOTAL		34,582 TOTAL		63 TOTAL		30.68% AVERAGE	

إليك نفس الحملة عندما بدأ تشغيلها لأول مرة:

Spend	×	Sales	×	Impressions	×	Clicks	×	ACOS	×
$33.38 TOTAL		$17.98 TOTAL		47,731 TOTAL		52 TOTAL		185.65% AVERAGE	

إعلانات لينكد إن

لينكد إن الإعلانات هي الأفضل لشركات B2B (الشركات التي تبيع منتجات أو خدمات لشركات أخرى) وتلك التي تبيع منتجات أو خدمات احترافية.

لبدء استخدام إعلانات LinkedIn ، انقر فوق "إعلان" في المربع المنقط أعلى يمين الصفحة الرئيسية. قم بإعداد حساب مدير حملة وانقر على "إنشاء" و "حملة".[19] تأكد من إعداد علامة LinkedIn Insight (أي ما يعادل بيكسل فيسبوك) بمرور الوقت.

اتبع عملية إعداد مماثلة لمنصات الإعلانات الموضحة مسبقا. للراغبين في زيادة مشاركة LinkedIn ، اختر "مشاهدات الفيديو" أو "المشاركة" كأهداف للحملة. لإنشاء مسار تحويل مصمم لبيع منتج أو خدمة ، اختر "تحويلات موقع الويب" أو "تحويلات العملاء المحتملين". اختر شكل إعلان استنادا إلى نوع المحتوى الذي وجدته أو تشعر أنه الأكثر فعالية لنشاطك التجاري. قد يكون هذا فيديو أو صورا أو رسائل نصية بحتة. عند الانتهاء ، انقر فوق "التالي" واملأ محتوى الإعلان. بعد ذلك ، قم بالتشغيل ، وستكون جاهزا للانطلاق. ضع في اعتبارك هذه النصائح أثناء متابعة عرض إعلانات LinkedIn:

- عند العمل بميزانيات صغيرة، اختبر العديد من الجماهير المخصصة الخاصة بأوبر (مع جماهير مستهدفة تبلغ 50,000 كحد أدنى) مع استهداف تعتقد أنه سيعمل بشكل أفضل أو نجح بشكل جيد على منصات أخرى.
- استفد من علامة التبويب "مخطط الأداء" والمعلومات السكانية لضبط الإعلانات بمرور الوقت.

---

[19] لاحظ أن مجموعات حملات LinkedIn هي ببساطة مستوى واحد من التجميع فوق الحملات وتوجد لأغراض تنظيمية بحتة.

- قم بإعداد الجماهير المتطابقة والمتشابهة لإعادة استهداف زوار موقع الويب. ابحث عن خيارات الجمهور المطابق على شاشة الاستهداف في مدير الحملة وابحث عن خيارات الجمهور المشابه ضمن "الخطة" و "الجماهير" و "إنشاء جمهور".

باختصار ، يعد LinkedIn منصة بارعة للوصول إلى الجماهير المحترفة: استخدمها جيدا.

إعلانات الموقع المتخصصة

حتى الآن ، قمنا بتغطية معظم أكبر شبكات الإعلانات في العالم. يبقى جميع اللاعبين المتخصصين في اللعبة الإعلانية - أي أولئك الذين يقدمون إعلانات على منصات تركز على اهتمام واحد أو ديموغرافية واحدة.

على سبيل المثال ، تقوم وكالة النشر الخاصة بي بشكل روتيني بتشغيل الإعلانات على Goodreads ، وهي منصة اجتماعية مخصصة للقراء.

للعثور على فرص إعلانية متخصصة ، ضع في اعتبارك مواقع الويب والتطبيقات التي يرتادها جمهورك المستهدف. قم بزيارتها ومعرفة ما إذا كانت تقدم مواضع إعلانات. فقط اعلم أن العديد من المنصات الأصغر لديها حد أدنى - تتطلب Goodreads ، على سبيل المثال ، ما لا يقل عن 5000 دولار في الإنفاق الإعلاني (3200 دولار إذا كنت تعمل من خلال وكالة شريكة). إذا لم تكن الشروط واضحة ، فلا تتردد في التواصل مع فرق الدعم أو المسؤول. لا تعكس إعلانات PPC المجموعة الكاملة من الإعلانات الرقمية ولا فرص التسويق المتاحة. سوف نستكشف الاستراتيجيتين البديلتين الأكثر استخداما من قبل الشركات الصغيرة: التسويق المؤثر والتسويق بالعمولة.

التسويق المؤثر

لقد تم توضيح ذلك تماما حتى الآن أن إنشاء المحتوى يمثل فرصة مربحة للشركات للوصول إلى المزيد من الأشخاص وتحويل هؤلاء المشاهدين إلى عملاء.

يحقق التسويق المؤثر فائدة مماثلة لبناء الجمهور ولكنه يتحايل على الصعوبة الكامنة في إنشاء المحتوى ومشاركته: أي. إنه ينطوي على قيام الشركات بدفع الأموال أو تقديم منتجات مجانية للمؤثرين على وسائل التواصل الاجتماعي مقابل إعلانات لجمهور المؤثر.

على سبيل المثال ، قد تدفع علامة تجارية للجمال لمؤثر في مجال الجمال مع 500 ألف مشترك على YouTube 3000 دولار للتحدث عن منتجات ماركة التجميل لمدة ثلاثين ثانية داخل مقطع فيديو . بدلا من ذلك ، قد يتلقى المؤثر أيضا 3,000 دولار من المنتج المجاني مقابل الإعلان أو يعلن نفسه على أنه "برعاية" من قبل ماركة التجميل وبالتالي يحافظ على علاقة طويلة الأمد بينما تدفع العلامة التجارية للمؤثر لاستخدام منتجاتهم أو خدماتهم والإعلان عنها على المدى الطويل وطوال كامل وجودهم الاجتماعي وجسم المحتوى.

بصفتي شخصا كان المؤثر والأعمال التجارية في علاقة التسويق المؤثرة ، يمكنني التحدث عن الطبيعة المربحة للجانبين للتسويق المؤثر وحقيقة أنها استراتيجية قابلة للتطبيق لجميع الشركات تقريبا ، حيث يمثل المؤثرون جميع المنافذ والأحجام التي يمكن تخيلها. لتحديد المؤثرين الذين يمكن لعلامتك التجارية العمل على هذا ، استكشف هذه المنصات

- التأثير
- التفاؤل
- Creator.co

بدلا من ذلك ، ابحث عن مكانتك أو صناعتك على أي منصة اجتماعية معينة ، وتحقق من أفضل المؤثرين. اهدف إلى العمل مع المؤثرين الذين لديهم جماهير

تعكس التركيبة السكانية المستهدفة ، ومعدلات المشاركة العالية ، وعدد الإعلانات المنخفض ، والقيم التي تتناسب مع علامتك التجارية.

عند التواصل مع المؤثرين ، تكون الرسائل المخصصة هي الأفضل.

قارن بين رسالتين إلكترونيتين تلقيتهما:

Jake Clarke <jake.clarke@mana.tech> Mon, Aug 16, 2021, 12:00 PM
to me

Hey Jon,

Absolutely loving the fitness content, especially the 30 day transformations on TikTok (calf one looked rough)!

I'm currently working with a brilliant team of ex-Apple/Amazonians to build something that helps creators with a positive influence on their audience engage and monetize. We think you would be a great fit and would love to work with you.

Would you be up for a short call to discuss a sponsored TikTok and how you could (if you wanted) monetise on our platform with paid digital content and 1 to 1 sessions?

Let us know :)

Jake (https://www.youtube.com/c/JakeClarke)

Christina Cold <christina@thecoldestwater.com> Sat, Mar 20, 2021, 12:40 AM
to me

Hi **000reps ,**

I'm Christina, from the Influencer division at The COLDEST Water (thecoldestwater.com), a premium water bottle brand, with over 8000+ five star reviews on Amazon to back it up. We are a fun, customer service oriented, and battle themed brand creating the Coldest products to fight against our one true enemy, HOT.

We recently came across your TikTok channel https://vt.tiktok.com/ZSJFNV1RX/ and we think you would make a great fit.

We would like to offer you a flat fee salary for 10 TikTok creations featuring The Coldest Water (120 USD) plus a bonus commission of 8% per sale from the traffic you drive through your custom link we will provide you with, or if someone were to use your custom promo code.

Our rate offer flat fee salary is based on our Company Payscale which is based on a review of influencers account and a number of metrics.

Salary: $120

Requirements:

Payment based on 10 Tik Tok videos featuring the bottle. Coldest Water bottle must be in full-frame with the Coldest logo showing.

Agrees to use referral link as your link in bio during the duration of the sponsorship.

Agrees to tag the Coldest Water Tik Tok account @thecoldestwater in each video and use #coldest
(videos should be 1 TikTok max per day)

أظهر البريد الإلكتروني العلوي أن الكاتب قد شاهد على الأقل بعض المحتوى الخاص بي قبل التواصل. كان الملعب موجزا وكانت عبارة الحث على اتخاذ إجراء شخصية وواضحة. هذا هو كل ما يجب عليك فعله عند الوصول إلى المؤثرين. البريد الإلكتروني الثاني هو كل ما لا ينبغي أن يحتويه التواصل الخاص بك - سطر أول آلي وبه أخطاء إملائية بشكل واضح ، وتنسيق نص مطول بشكل مؤلم ، واسم

مزيف وصورة ملف تعريف فارغة ، وشعار ضعيف ("عدونا الحقيقي الوحيد ، HOT" ليس فقط الخطوة ، آسف يا رفاق).

لذلك ، في حين أن الأمر قد يستغرق بعض الوقت الإضافي لتخصيص التواصل مع المؤثرين بشكل صحيح ، إلا أنه يستحق ذلك في الاستجابة التي يتكبدها. عادة ما يكون التواصل عبر البريد الإلكتروني هو الأفضل - إذا لم يكن لدى المؤثر واحد مدرج ، فلا بأس من التواصل من خلال الرسائل المباشرة.

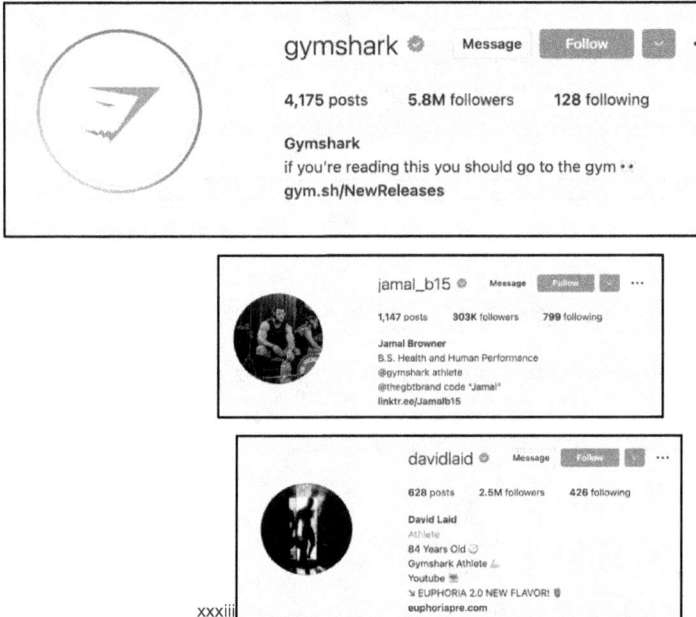

xxxiii
Gymshark هي إحدى العلامات التجارية التي تستخدم بقوة التسويق المؤثر. في الواقع ، ينظر إلى رعاية gymshark على أنه رمز نهائي للحالة في مجتمع كمال الأجسام واللياقة البدنية - يتنافس المؤثرون على انتباه Gymshark على أمل الحصول على رعاية. هذا هو التسويق المؤثر في أفضل حالاته ، ونتيجة لذلك نمت Gymshark لتصبح علامة تجارية بقيمة مليار دولار.

بمجرد أن تتواصل مع المؤثرين الذين تعتقد أنهم سيعملون بشكل جيد مع علامتك التجارية للتسويق المؤثر ، كل ما تبقى هو التحقق من أن المؤثر يتابع جانبه من الصفقة. اهدف إلى قياس النتائج ، واستمر في العمل مع المؤثر فقط إذا أثبت أنه ينتج المزيد من العملاء ويربح لعملك أكثر مما يكلف. إذا كان أداؤهم جيدا بشكل غير عادي ، فاعرض عليهم رعاية طويلة الأجل.

أخيرا ، لاحظ أن التسويق المؤثر يقطع شوطا طويلا في مساعدة عملك على تنمية جمهور على وسائل التواصل الاجتماعي - إشارة واحدة من مؤثر تعمل معه يمكن بسهولة 10x ملف تعريف علامة تجارية صغيرة.

لذا ، ضع التسويق المؤثر في الاعتبار كأداة قيمة للغاية للحصول على فوائد جمهور اجتماعي دون الحاجة إلى بنائه بنفسك ، بالإضافة إلى طريق لتسريع النمو الاجتماعي لعملك.

التسويق بالعمولة

كشكل ثان من أشكال الإعلان الرقمي البديل ، فإن التسويق بالعمولة هو العملية التي يكسب من خلالها "شركة تابعة" أو جهة خارجية عمولة لبيع منتجاتك أو خدماتك لك. التسويق بالعمولة هو الأكثر انتشارا داخل مجتمع المؤثرين ، حيث يمكن لمنشئي المحتوى الاستفادة بسهولة من جماهيرهم الكبيرة من خلال اللجان التابعة. من ناحية أخرى ، تحب الشركات التسويق بالعمولة لأنه يحفز الآخرين على القيام بالعمل الشاق لبيع منتجاتهم وخدماتهم لهم.

بالنسبة لعملك ، قم بإعداد برنامج تسويق تابع ببساطة عن طريق تعيين رموز فريدة للشركات التابعة (حقا ، لأي مستخدم ، حيث لا يوجد جانب سلبي لتقديم رمز لكل صاحب حساب) ، والذي يمكنه تلقي العمولات تلقائيا إلى حسابه عندما يقوم العملاء بتسجيل الخروج باستخدام الرمز الخاص بهم. يتم ذلك بسهولة من خلال المكون الإضافي AffiliateWP في WordPress (تعمل الروابط الجميلة والتابعة بسهولة أيضا). يمكن لبعض الشركات ، وخاصة تلك التي لديها منتجات معلومات رقمية ، الاستفادة من خلال الإدراج على clickbank.com ، وهو سوق للشركات والمسوقين بالعمولة.

لاحظ هذه الشركات ، التي أنشأت برامج تابعة مربحة للغاية:

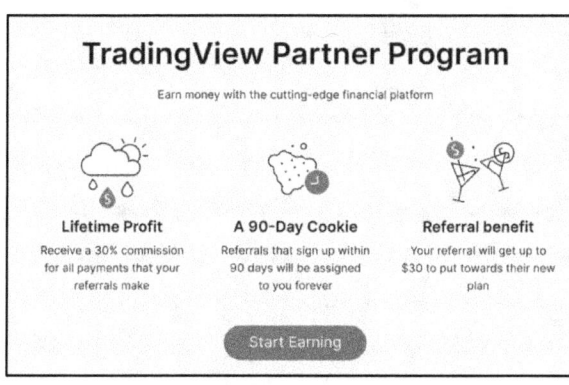

من أجلك.

xxxiv

باختصار ، يعد كل من التسويق بالعمولة والتسويق المؤثر استراتيجيات رقمية قيمة لجميع أنواع الشركات. يستفيد كل منهم من قوة الأشخاص الآخرين - سواء كانوا مؤثرين مشهورين أو طلاب جامعيين يشاركون الروابط فيما بينهم - لتنمية عملك من أجلك.

العودة إلى الاستراتيجية

سأنقل أهمية مرة أخيرة لدمج المقاييس والنهج القائم على البيانات في الإعلان الرقمي والاجتماعي.

خلال الفصول الثمانية الماضية ، درسنا مجموعة متنوعة من الأدوات الضرورية لعالم الأعمال الرقمية - الإستراتيجية الاجتماعية ، والتواجد الاجتماعي ، وإنشاء المحتوى ، وإعلانات PPC ، والتسويق المؤثر ، وما إلى ذلك. الخيط المشترك طوال الوقت هو السعي نحو التحسين: لن يؤدي أي مسار أو حملة إعلانية أو خط أنابيب محتوى إلى أقصى إمكاناته من اليوم الأول ، والنجاح عبر الإنترنت للشركات الصغيرة هو إلى حد كبير انعكاس لدرجة قياس البيانات وتحليلها واستخدامها كمحرك نحو مزيد من النشاط. حافظ على هذا المبدأ محوريا لعملياتك الرقمية للمضي قدما.

وفقا لهذه القاعدة نفسها ، دع البيانات تحكم القرارات ، وليس هذا الكتاب. لقد بذلنا قصارى جهدنا لتوفير إطار شامل للشركات التي تتطلع إلى دخول المساحات الاجتماعية والرقمية. هذا لا يعني أن جميع الشركات يمكن أن تستفيد بنفس القدر من استراتيجية أو أداة رقمية معينة. بدلا من ذلك ، كل عمل فريد من نوعه ، ومن الأفضل النظر إلى المشورة المقدمة هنا على أنها عملية أساسية ومنهجية وقاعدة معرفية يمكن من خلالها العمل.

لا يمكن أن ينتهي الكتاب إلا من حيث بدأ: عند مقدمة لعالم يتحدد بشكل متزايد من خلال التفاعل عبر الإنترنت ، وبيئة الأعمال التي تحقق أكبر تحول في التاريخ نحو نظام معولم ورقمي على نطاق واسع.

لا يجب أن يكون هذا المستقبل مخيفا - فأنت الآن مجهز بالأدوات اللازمة لاحتضانه واستخدامه لتعزيز رسالتك ومنتجاتك وخدماتك.

كما هو مذكور في الفصل الثاني ، سيتم نشر هذا الكتاب لأول مرة في خريف عام 2022. سيتم إصدار طبعة جديدة كل عام لتعكس المجالات والفرص المتغيرة بسرعة التي تستكشفها. سوف تتطور بالإضافة إلى ذلك وفقا للتعليقات

التي يقدمها القراء الفعليون. لتزويدنا بهدية تجاربك ، أو لطرح الأسئلة ، تواصل معنا

ماذا يجب أن تقرأ بعد ذلك؟

شكرا لك على قراءة هذا الكتاب! إذا كنت تبحث عن قراءات ذات صلة وترغب في دعم النشر المستقل ، فراجع اثنين من أعمالنا الشائعة ، *الدليل الحديث للاستثمار في سوق الأسهم للمراهقين* و *تمت الإجابة على البيتكوين*.

الاعترافات

بعد عام حافل بالكتابة في عام 2021 تميز بنشر كتابين ، سأعترف بأن الأشهر الماضية كانت أقل تزينا. لم تكن العودة إلى السرج مهمة سهلة ، على الرغم من أنها كانت بالتأكيد مهمة مجزية. يعود الفضل في ذلك إلى فريقي الرائع والأشخاص من حولي - بدءا من ويل وارن لزرع البذرة التي أصبحت هذا الكتاب وانتهاء بفريق النشر في Aude.

يجب أن تبدأ الإقرارات المناسبة في وقت أبكر بكثير. هذا الكتاب والمعرفة الموجودة فيه هي تلخيص لمشاريع ريادة الأعمال البرية في العديد من المجالات المذكورة أعلاه. لهدية تلك السنوات ، قدمت شكري العميق لجيريمي فون ، ومايكل طومسون ، وسريكار كوكيبهاتلا ، وشارون خا ، وبن وانزو ، وجون كوركوران ، وكاي لو ، وجاك جاكوبس ، وعمر رزق ، ومحمود ، والعديد من الآخرين الذين سعدت بالعمل معهم.

شكرا لبليك مارتن وكسينيا سوجلوبوفا لمساهماتهما القيمة في هذا النص ، وكذلك دين ليانغ وجينيسيس نجوين وجاك زيمرمان لمساهماتهم في الأعمال الأخيرة.

أعرب عن امتناني لأليسا كالاهان وباتشين هوميتز - ما يدفع ، بعد كل شيء ، ولكن مقعد التعلم. على قدم المساواة ، طال انتظار تكريم جيل وحبيب وكونور وجويس وجوستين ومالكولم وماليا وكل ستارويو. أطيب تمنياتي للجميع في المستقبل.

أخيرا عزيزي القارئ شكرا لك على وقتك وفكرك. جميع الكتب لقرائها - آمل أن يكون هذا النص قد أنصفك.

التكرار الاجتماعي

Google.com/business

facebook.com/pages/creation

trends.pinterest.com

search.google.com/search-console

trends.pinterest.com

الركود

اسانا

تريلو

زابير

هوتسويت

فيما بعد

الرياح الخلفية

الجدول المشترك

ايكونوسكوير

بازسومو

Scoop.it

ذكر

ميت إدغار

سوسيال بايلوت

مدير صفحات فيسبوك

زوهو سوشيال

برومو ريبابليك

أودينس كونيكت

القط النابلي

فايفر
Upwork
ديزاين هيل
توبتال
ريدسي
99تصاميم
قابل للترميز
Gun.io
الناسفي الساعة
سكاي وورد
كانفا
فوتوشوب
فوتوبيا
ميلشيمب
الاتصال المستمر
تقطر
هوبسبوت
سيندينبلو
سيمراش
سبيفو
أجب على الجمهور
انقر فوق وقف
داش ورد:
سيمراش
سبيفو
أجب على الجمهور
انقر فوق وقف

الاعلان

business.pinterest.com
studio.youtube.com
ads.google.com
business.facebook.com
facebook.com/adsmanager/manage/campaigns
business.nextdoor.com
getstarted.tiktok.com
advertising.amazon.com
كليكبانك.

المجال والموقع الإلكتروني والاستضافة

godaddy.com
godaddy.com/en-in/hosting/WordPress-hosting
bluehost.com/WordPress

سكوير سبيس

ويبلي

ويكس

[i] الملف التجاري على Google، مورتون.
[ii] الملف التجاري على Google، إثبات تناول الطعام على الواجهة البحرية الأرضية.
[iii] إينستاجرام: مكملات B&N، أسواق لاكي.
[iv] إنستغرام: فيلز كوفي، أجينسي فلو.
[v] لينكد إن: صانع النبيذ
[vi] لينكد إن: صلصة بيتشين
[vii] بينتيريست: بوهو
[viii] بينتيريست: jewelry1000.com
[ix] بينتيريست: الجمال الفائق
[x] يوتيوب: Mint.com
[xi] يوتيوب: عهد
[xii] يوتيوب: مونستر إنسايتس
[xiii] تيكتوك: صلصة بيتشين، توموكريديت، ياهو فاينانس
[xiv] تويتر: سام بار
[xv] تويتر: شان بوري
[xvi] Wordpress.org
[xvii] GoDaddy.com
[xviii] Coinbase.com
[xix] Hubspot.com
[xx] موقع التواصل الاجتماعي الفيسبوك: TomoCredit
[xxi] يوتيوب: NerdWallet
[xxii] يوتيوب: مانسكيب
[xxiii] جميع يوتيوب [تحليلات]: كسينيا سوغلوبوفا
[xxiv] يوتيوب: جوردان ويلش
[xxv] يوتيوب: بيرد براند
[xxvi] لينكد إن: أركيد
[xxvii] إنستغرام: توموكريديت، موسدوتك، الإيكونوميست
[xxviii] إنستغرام: دار بنغوين للنشر، بورتنوم آند ماسون، ديفيد يورمان
[xxix] تطبيق بيرز بيس

shop.tesla.com و makerwine.com [xxx]

[xxxi] فوربس ويبرديراند
[xxxii] المجاور: التجديد المصنوع، دبوس الإبهام
[xxxiii] إنستغرام: جيم شارك، جمال b15، ديفيد ليد
[xxxiv] تريدينج فيو، روبن هود، Binance.us

جميع التحليلات الاجتماعية غير المعتمدة والمرئيات الإعلانية التي يملكها جون لو

www.ingramcontent.com/pod-product-compliance
Lightning Source LLC
LaVergne TN
LVHW010331070526
838199LV00065B/5717
9798869312112